普通高等学校学前教育专业系列教材

总主编 沈建洲

美术
造型拓展与应用

主　编　朱晓飞　张克顺
副主编　李素艳　常文化
编　者（排名不分先后）
　　　　沈建洲　朱晓飞　张克顺　李素艳
　　　　常文化　郭　帅　杨延虎　孟冉冉
　　　　王临娜　严　艺　袁洪群　连丽英
　　　　尹甜甜　吕大军　周雅菲　陶忠娅
　　　　李桂娟　王庆凤

复旦大学出版社

内容提要

本书是学前教育专业新版美术系列教材之一，基于新时代教师教育的新形势、新目标、新任务编写，旨在通过美术素养的培育，达到开阔师范生眼界，增长其美术知识，使其掌握幼儿园教师必备的造型表现技能，陶冶艺术情操，丰富职业情感，培养艺术感受力、创造力和执教能力的目的，基本形成《学前教育专业认证标准》《幼儿园教师专业标准（试行）》所倡导的毕业要求和职业素养。

本册是美术应用部分，由五个教学单元构成，分别是简笔画、卡通画、中国画、版画及近现代造型艺术欣赏。前四个单元包括不同类型绘画的特点及其造型特征、其工具材料及艺术特点和表现技法等，并根据幼儿发展特点有针对性地设计适宜的幼儿绘画创意活动。第五单元内容主要包括近现代国内外绘画、雕塑、工艺美术、建筑与园林的风格特点以及主要代表作品欣赏。

本书配有丰富的数字资源，使用者可以扫描书中二维码或复旦社云平台www.fudanyun.cn，查看视频、课件等资源，进行主动深入的学习。

复旦社云平台
数字化教学支持说明

为提高教学服务水平，促进课程立体化建设，复旦大学出版社学前教育分社建设了"复旦社云平台"，为师生提供丰富的课程配套资源，可通过"电脑端"和"手机端"查看、获取。

【电脑端】

电脑端资源包括PPT课件、电子教案、习题答案、课程大纲、音频、视频等内容。可登录"复旦社云平台"（www.fudanyun.cn）浏览、下载。

Step 1 登录网站"复旦社云平台"（www.fudanyun.cn），点击右上角"登录/注册"，使用手机号注册。

Step 2 在"搜索"栏输入相关书名，找到该书，点击进入。

Step 3 点击【配套资源】中的"下载"（首次使用需输入教师信息），即可下载。音频、视频内容可通过搜索该书【视听包】在线浏览。

【手机端】

PPT 课件、音视频、阅读材料：用微信扫描书中二维码即可浏览。

扫码浏览

【更多相关资源】

更多资源，如专家文章、活动设计案例、绘本阅读、环境创设、图书信息等，可关注"幼师宝"微信公众号，搜索、查阅。

平台技术支持热线：029-68518879。

"幼师宝"微信公众号

序言

依照《中共中央 国务院关于全面深化新时代教师队伍建设改革的意见》《教育部等五部门关于印发〈教师教育振兴行动计划(2018—2022年)〉的通知》《教育部关于加快建设高水平本科教育 全面提高人才培养能力的意见》《教育部关于实施卓越教师培养计划2.0的意见》《新文科建设宣言》等文件的精神,新代教师教育应致力于培养创新人才,提高教师教育质量,夯实师范生人文基础,结合专业教育推进课程思政建设,不断提升师德教育的针对性和实效性,更新课程体系和教学内容,提高实践教学质量,构建以师范生为中心的教育教学新形态。正是在新时代教师教育的新形势、新目标、新任务感召下,学前教育专业新版美术教材编写工作启动,并在以下三个方面做出尝试与探索。

首先,按照《高等学校课程思政建设指导纲要》"把思想政治教育贯穿人才培养体系,全面推进高校课程思政建设,发挥好每门课程的育人作用,提高高校人才培养质量"的要求,本套教材基于美术所蕴含的思政元素,将思想政治教育贯穿其中,突出教学和课堂育德,培育爱国守法、规范从教的职业操守,在润物细无声中强化"学为人师、行为世范"的职业理想,以及传道情怀和授业底蕴,并使之逐步成为师范生的职业自觉。

其次,本套教材以《教师教育课程标准(试行)》《幼儿园教师专业标准(试行)》为指引,贯穿专业认证基本理念、《学前教育专业师范生教师职业能力标准(试行)》的基本要求,坚持育人为本、实践导向,厚基础、强能力,依据美术课程和内容中的幼儿园教师职业素养要求,力图在帮助师范生感知美、表现美、创造美的过程中,回答"教什么,怎么教,培养什么人;学什么,如何学,怎样用"等问题。一方面,美术课程的目的是空间造型及美术语言的学习掌握和艺术素养的习得;另一方面,作为学前教育专业课程,美术课程的目标是帮助师范生掌握幼儿园艺术(美术)领域教育的基本知识(相应的艺术欣赏与表现知识),美术教育的执业能力及在保教实践中的迁移能力,重点关注的是幼儿园教师职业所需要的美术实践能力的培养与提高。换言之,学前教育专业美术教材既要反映美术学科的知识技能、研究与实践成果,又要体现幼儿园教师教育的课程理念、内容与方法,以此引导师范生"树立正确的专业理想,掌握必备的知识与技能,养成独立思考和自主学习的习惯""主动建构教育知识,发展实践能力""加深专业理解,更新知识结构,形成终身学习和应对挑战的能力"。

最后,根据专业人才培养要求,教材编写突破了传统美术学科体系框架,紧紧抓住课程这一最基础、最关键的要素,推动学前教育专业美术教学内容更新,将具有中国特色的学前教育新理论、美术实践新成果和幼儿园保教实践新经验编入教材、引入课堂,转化为优质教学资源,培养师范生的知识融通能力和审美实践能力。

本套教材共三册,涵盖学前教育专业美术教学的基本内容与要求。其中,既有美术学科的基础知识和技能训练,也有幼儿园教师必备的与幼儿园保教实践紧密联系的教育技能与训练;既注重美术学科的教育性和审美性,也关注师范生的教师职业能力的养成,同时兼具一定的拓展性和灵活性。教学实践中,广大师生不仅要研究教材、教法和学法,还要研读《教师教育课程标准(试行)》和《幼儿园教师专业标准(试行)》,研究师范生的学习特点、幼儿园艺术教育和教育环境创设,让美术课程教与学的目标更精准、过程更有效、结果更令人满意。

本套教材是在各参编院校领导的关怀指导、师生的大力支持下完成的。对此,我们表示衷心的感谢!虽然教材在内容和形式上结合幼儿园教师教育特点和规律做了一些尝试与探索,但受编者能力所限,不足与疏漏之处在所难免,敬请广大师生批评指正,以便编者及时改正。

本教材编写组

前言
QIAN YAN

本书是根据《学前教育专业认证标准》中"一践行、三学会"("践行师德""学会教学""学会育人""学会发展")的专业人才培养要求,结合《教师教育课程标准(试行)》和《幼儿园教师专业标准(试行)》的精神进行编写。总体目标是,通过美术素养的培育,达到开阔师范生眼界,增长其美术知识,使其掌握幼儿园教师必备的造型表现技能,陶冶艺术情操,丰富职业情感,培养艺术感受力、创造力和执教能力的目的,基本形成《学前教育专业认证标准》《幼儿园教师专业标准(试行)》所倡导的毕业要求和职业素养。

本册是美术应用部分,重点在于介绍各画种的实际运用的技巧、方法,特别是针对幼儿园美术教育活动中的应用。根据幼教的特点和实际需要,贴近师范生未来的职业和工作环境,有意淡化了专业知识的系统性和完整性,结合教学内容,突出本质,明确要点,注重实际操作,使学生在学习各画种的同时,提高在幼儿园实际运用美术技能的能力。

本书由五个教学单元构成。主要内容分别是简笔画、卡通画、中国画、版画及近现代造型艺术欣赏。前四个单元内容包括不同类型的绘画特点及其造型特征、其工具材料及艺术特点和表现技法等,在此基础上掌握幼儿绘画活动的特点,并根据幼儿发展特点,有针对性地设计适宜的幼儿绘画创意活动。第五单元内容主要包括近现代国内外绘画、雕塑、工艺美术、建筑与园林的风格特点以及主要代表作品欣赏。旨在让学生学会欣赏并解读近现代造型艺术作品,在赏析过程中提高文化修养,丰富学识,塑造高尚人格。

本书具体分工如下:全书书稿由总主编沈建洲和主编朱晓飞提供编写大纲,并由主编张克顺统稿,沈建洲亦对全书书稿进行审读并提出修改意见;第一单元由聊城幼儿师范学校张克顺老师负责,郭帅、杨延虎、孟冉冉、王临娜编写;第二单元由新乡学院教育科学学院严艺老师负责,严艺、南通学院教育科学学院袁洪群编写;第三单元由商丘幼儿师范高等专科学校常文化老师负责,常文化、宁夏幼儿师范高等专科学校连丽英编写;第四单元由聊城幼儿师范学校张克顺老师负责,张克顺、尹甜甜、吕大军、陶忠娅、河北大学周雅菲编写;第五单元由唐山师范学院玉田分院王庆凤老师负责,王庆凤、李桂娟编写。除聊城幼儿师范学校、河北大学、新乡学院、南通学院、商丘幼儿师范高等专科学校、宁夏幼儿师范高等专科学校、唐山师范学院玉田分院的师生提供图例外,宿迁高等师范学校徐建霞老师在编写中为中国画部分提供了一定的帮助,部分图例由在园幼儿或幼儿园提供,个别图例选自有关出版物,限于篇幅不能一一注明,请谅解,在此一并致谢。

编　者

目录

第一单元　简笔画　　001

第一节　简笔画的概念与特点　　002
一、简笔画的概念与分类　　002
二、简笔画的特点　　002

第二节　简笔画的工具、材料和技法　　005
一、简笔画的工具和材料　　005
二、简笔画的工具特点与技法　　005
三、简笔画的基本造型要素　　008

第三节　简笔画的造型表现　　010
一、简笔画的造型原则与方法　　010
二、简笔画的造型表现与步骤　　010
三、简笔画创编　　020

第四节　简笔画在幼儿园中的应用　　022
一、简笔画在教育活动中的应用　　022
二、简笔画在幼儿园的应用案例　　023

第二单元　卡通画　　027

第一节　卡通画的概念、特点与种类　　028
一、卡通画的概念　　028
二、卡通画的特点　　028
三、卡通画的种类　　029
四、卡通画的工具和材料　　030
五、卡通画的表现　　030

第二节	卡通画的造型表现	031
	一、卡通人物造型	031
	二、卡通动物造型	036
	三、卡通场景造型	039
第三节	卡通画在幼儿园中的运用	042
	一、卡通画在幼儿园教育教学活动中的应用	043
	二、卡通画在区域活动中的应用	045
	三、卡通画在幼儿园环境中的应用	046

第三单元　中国画　051

第一节	中国画的概念、分类与特征	052
	一、中国画的概念与分类	052
	二、中国画的艺术特征	053
第二节	中国画的工具、材料	055
	一、中国画的工具	055
	二、中国画的材料	055
第三节	中国画的造型表现	056
	一、中国画造型表现的类型	056
	二、中国画表现技法	057
第四节	中国画在幼儿园中的应用	072
	一、中国画在幼儿园教育教学活动中的应用	072
	二、中国画在教育环境创设及游戏材料中的应用	076

第四单元　版画　079

第一节	版画的概念、特点与种类	080
	一、版画的概念	080
	二、版画的特点	080
	三、版画的种类	080
第二节	版画工具与材料	082
	一、制版工具与材料	082
	二、印刷工具与材料	083
第三节	版画的造型表现	085
	一、木版画的造型表现	085
	二、纸版画基本造型表现	088
第四节	版画在幼儿园中的运用	094
	一、版画在幼儿园教育教学活动中的应用	095

二、版画在幼儿园环境创设中的应用　　097

第五单元　近现代造型艺术欣赏　　099

第一节　近现代绘画作品　　100
　　一、中国近现代人物画与外国近现代油画人物画　　100
　　二、中国近现代山水画与外国近现代风景画　　102
　　三、中国近现代花鸟画与外国近现代静物画　　103

第二节　近现代雕塑作品　　104
　　一、近现代室内雕塑　　104
　　二、近现代环境雕塑　　105

第三节　近现代工艺作品　　107
　　一、近现代陶瓷工艺作品　　107
　　二、近现代金属工艺作品　　107
　　三、近现代木工工艺作品　　108
　　四、近现代染织工艺作品　　108
　　五、近现代玻璃工艺作品　　109
　　六、近现代漆器工艺作品　　110

第四节　近现代建筑与园林艺术　　110
　　一、近现代纪念性建筑　　110
　　二、近现代庭院建筑　　111
　　三、近现代园林艺术　　113

主要参考文献　　117

第一单元
简 笔 画

学习目标

1. 了解简笔画的特点、常用工具材料及造型特征。
2. 熟悉简笔画的造型原则与构图技巧,能够表现简笔画形象并进行主题创编。
3. 理解简笔画的艺术内涵与特色,能够将简笔画运用于幼儿园美术实践活动中。
4. 在简笔画教学中积极弘扬中华美育精神,自觉传承中华优秀传统文化。

内容结构

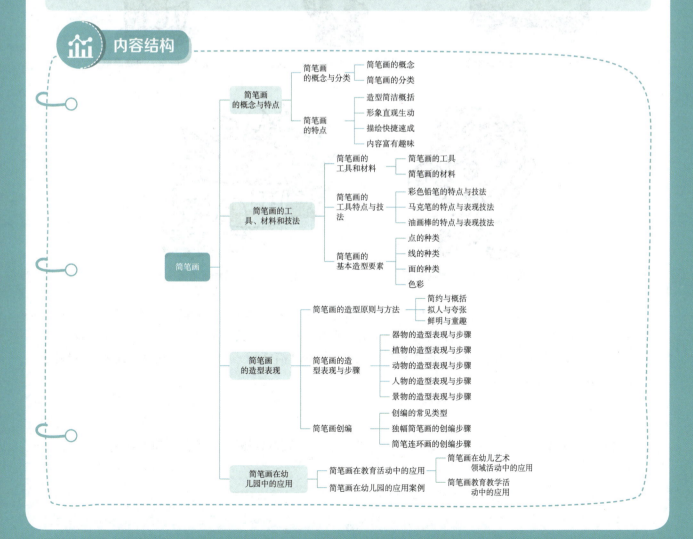

第一节 简笔画的概念与特点

一、简笔画的概念与分类

(一)简笔画的概念

简笔画是一种利用简单的点、线、面等绘画要素表现物象基本特征的绘画形式。① 这是一种通过观察、记忆、手绘等,将客观事物的典型形象与特征进行高度概括、提炼的造型表现过程和表现形式,也是幼儿自发地感知、体验、表现客观世界的一种情感表达形式。

(二)简笔画的分类

从表现内容上,简笔画可以分为器物、植物、动物、人物、景物五种类型。(图1-1-1～图1-1-5)

▲ 图1-1-1 器物简笔画

▲ 图1-1-2 植物简笔画

▲ 图1-1-3 动物简笔画

▲ 图1-1-4 人物简笔画

▲ 图1-1-5 景物简笔画

从表现形式上,简笔画可以分为单线式、廓线式和综合式三种。单线式简笔画(图1-1-6)也可称为骨线式简笔画,主要以线条来表现物象的结构、动态及典型特征。廓线式简笔画(图1-1-7)是以物象的轮廓线为主,表现其形体、比例、特征,使物象趋于完整。综合式简笔画(图1-1-8)是以单线式与廓线式相结合的方式表现物象结构特征。

二、简笔画的特点

简笔画的造型简洁概括、形象直观生动、描绘快捷速成、内容富有趣味,具体介绍如下。

---

① 张克顺.幼儿简笔画[M].北京:北京师范大学出版社,2014:2.

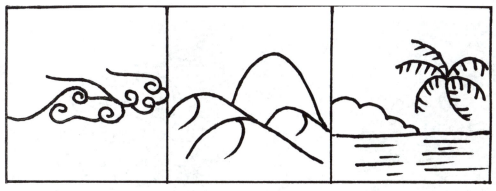

▲ 图1-1-6 单线式简笔画

▲ 图1-1-7 廓线式简笔画

▲ 图1-1-8 综合式简笔画

（一）造型简洁概括

简笔画线条简练、笔法简略，造型具有高度的概括性。（图1-1-9）

（二）形象直观生动

简笔画主要以符号化的点、线、面、色彩等美术元素高度概括生活中的可视形象，可以帮助幼儿在头脑中迅速建立起具体形象，准确认识与理解事物，加深记忆，产生丰富的联想与想象。（图1-1-10）

（三）描绘快捷速成

简笔画简练直观，创作快捷，易学速成。在描绘表现对象时，可以利用简单的图形，快速、形象地表现事物的本质特征。（图1-1-11）

▲ 图1-1-9 造型简洁概括

▲ 图1-1-10 形象直观生动

▲ 图1-1-11 描绘快捷速成

（四）内容富有趣味

简笔画形象特征符合幼儿审美认知，色彩丰富明快，充满童真童趣，通常使用夸张、拟人等手法，使画面生动活泼。（图1-1-12、图1-1-13）

▲ 图1-1-12 幼儿作品《昆虫记》

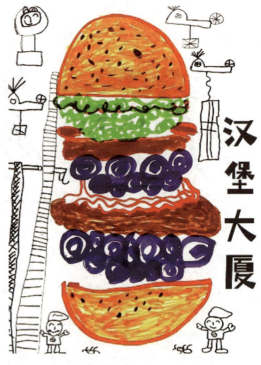
▲ 图1-1-13 幼儿作品《汉堡大厦》

总之，由于简笔画简洁概括、直观生动、快捷速成、富有趣味的特点，针对幼儿园和幼儿教育机构教育教学活动及岗位能力要求，掌握简笔画技能的教师能够在幼儿园教学过程中帮助幼儿提升观察力、想象力，促进幼儿创新思维及创新能力的发展，能够指导幼儿认识和理解客观世界、拓展认知能力，能够引导幼儿通过简笔画表达情感、反映心理活动，能够提高幼儿审美能力，体验形式美与色彩美。（图1-1-14）

▲ 图1-1-14 幼儿进行美术创作

第二节 简笔画的工具、材料和技法

简笔画的工具和材料多种多样，其选用也十分灵活。中国有句古话，"工欲善其事，必先利其器"。想画好简笔画，需要熟悉并熟练掌握其各种常用工具、材料的特性和技法。

一、简笔画的工具和材料

（一）简笔画的工具

铅笔、中性笔、勾线笔、马克笔、彩色铅笔、水彩笔、油画棒、蜡笔等，均可作为简笔画的绘制工具。其中中性笔、勾线笔等适合线条表现；马克笔、油画棒、蜡笔等适合色块表现；彩色铅笔、水溶性彩色铅笔适合色彩的细致变化表现；根据表现需要，也可以选用不同的工具，采取线、面结合的方式来表现物象，会更有表现力。

（二）简笔画的材料

简笔画常用纸张有素描纸、各色卡纸、绘图纸、打印纸等。纸张有厚薄、纹路粗细之分，可根据不同画笔、画法需要来选用合适的纸张。如马克笔就比较适合表面较为平滑的白卡纸，彩色铅笔比较适合较为厚实的素描纸。

二、简笔画的工具特点与技法

不同的工具有其自身的特点和表现效果，可根据绘画需要选择合适的工具材料与表现技法。

（一）彩色铅笔的特点与技法

1. 彩色铅笔的特点

彩色铅笔是常用画具之一，有普通彩色铅笔和水溶性彩色铅笔两种。其画面效果色彩细腻丰富，笔触线条清晰。使用彩色铅笔时的力度大小、排线密度变化、涂色次数及铅笔尖部的粗细程度都会影响画作颜色的深浅。使用水溶性彩铅，画好以后，可以用蘸了清水的毛笔将颜色晕开，会产生类似水彩的效果。

2. 彩色铅笔的技法

平涂法：按同一方向均匀排列线条，能够达到色彩一致的效果。（图1-2-1）

▲ 图1-2-1 彩铅平涂法

渐变法：沿着物体的结构画线，运用力量由轻到重或由重到轻涂画渐变效果，用这种方法可画出物体的体积、空间的远近、色彩的深浅单色变化，类似素描。（图1-2-2）

示范视频1-1
单色色彩渐变

示范视频1-2
多色色彩渐变

▲ 图1-2-2　彩铅渐变法

混合法：在创编简笔画时混合使用以上两种方法，画面层次会更加丰富。（图1-2-3）

▲ 图1-2-3　彩铅混合法

（二）马克笔的特点与表现技法

马克笔也是简笔画常用的画具之一，深受使用者喜爱。

1. 马克笔的特点

马克笔色彩鲜艳明快，有快干、耐水、耐光、吸附力强的优点。

2. 马克笔的技法

由于马克笔的特点和极强的表现力，其技法也是多种多样的，主要有以下四种技法。

单色勾线：整个形象可选用单一颜色进行勾线，也可根据造型需要选用不同色彩勾线。单色勾线时，运笔的力度要均匀，线条要流畅。（图1-2-4）

色块法：根据物象形态用不同形状的色块直接表现形象，不受线条约束，表现更加自由。（图1-2-5）

示范视频1-3
简笔画勾线

| ▲ 图1-2-4 马克笔单色勾线 | ▲ 图1-2-5 马克笔色块法 |

勾线填色：在单色勾线基础上，填涂颜色，注意用笔方向要一致，不要重叠用笔，否则颜色会有深浅变化。（图1-2-6）

示范视频1-4
马克笔平涂

▲ 图1-2-6 马克笔勾线填色

复勾：在画好的形象轮廓线内侧或外侧，用比原平涂颜色深一些的线描边以强调形象和丰富画面层次。（图1-2-7）

▲ 图1-2-7 马克笔复勾

（三）油画棒的特点与表现技法

1. 油画棒的特点

油画棒是一种由颜料、油、蜡混合而成的棒形画材。它方便大面积涂色、叠色和混色。同蜡笔相比，油画棒的颜色更艳丽，在纸面的覆盖力更强。

2. 油画棒的表现技法

线内平涂填色法：将各色油画棒均匀地涂在轮廓内，涂色时需要注意靠近轮廓线边缘处要仔细些，用油画棒的棱角边缘去刻画。（图1-2-8）

线内渐变填色法：采用同类颜色的油画棒由浅至深或由深至浅地进行衔接涂色。如海带由浅绿到深绿的变化，海马身体、地面深浅的变化，就是用渐变的画法来表现的。（图1-2-9）

示范视频1-5
油画棒平涂

▲ 图1-2-8 油画棒线内平涂填色法　　▲ 图1-2-9 油画棒线内渐变填色法

色彩叠加法：涂完一种颜色后，在其上面再涂另外一种颜色，两种颜色经过重叠揉擦后，会产生丰富多变的色彩效果。上下颜色叠加一般是在浅色上叠加深色。将同类颜色混合不会显得脏乱。（图1-2-10）

▲ 图1-2-10 油画棒色彩叠加法

三、简笔画的基本造型要素

简笔画的造型要素主要包括点、线、面、色彩等，它们既是简笔画的造型元素，也是简笔画的基本表现形式，包括点的形状、大小、疏密，线条的曲直、粗细、长短及色彩的冷暖、明暗等变化。

（一）点的种类

点的形态多样，从形状上可分为方形点、圆形点、三角形点、不规则形点等，点有大小与疏密的变化。（图1-2-11）

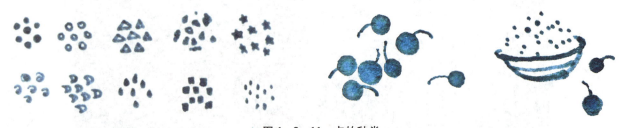

▲ 图1-2-11 点的种类

（二）线的种类

线条作为一种造型语言,有长度、方向、粗细变化,是点的移动的轨迹。不同的线条又给人不同的感受,水平线静止稳定,垂直线庄重,斜线给人动的感觉,锯齿线则令人感觉紧张、不安,曲线优美,放射线奔放。据此,简笔画的线条应具备以下基本特点:一是线条要饱满有力度,不能太轻或太重;二是线条要有轻重、快慢、粗细等节奏变化;三是线条要流畅,不要断断续续或太粗涩;四是线条要自然生动,不要太像印刷品。要多观察生活,感受不同线条的质感、美感,把所看所感表现出来就是生动的图画。（图1-2-12）

▲ 图1-2-12 线的种类

（三）面的种类

简笔画中的面包括几何图形及其变形,如圆形、椭圆形、半圆形、扇形、菱形、桃形、豆瓣形、月牙形等（图1-2-13）。画圆形要注意线条圆滑流畅。方形、长方形、梯形、平行四边形、菱形以及相近的图形等,要把长、宽比例和角度画准确。画各具特点的三角图形,应注意各边的长短比例与各角的角度。客观世界中物象形态结构往往很复杂,用单一图形很难概括,需要几个不同图形组合才能完成。

▲ 图1-2-13 面的种类

（四）色彩

简笔画的色彩使用技法主要有单色勾线、色块法或线内平涂等方法。创编时，也会用到简单叠色法或单色渐变色法。

第三节　简笔画的造型表现

简笔画造型虽然简单，但也有其独特的造型表现方法。不同的造型表现方法可以传递出不同的情感，师范生可以利用简笔画的造型表现方法感受美、发现美和创造美，并在未来的幼儿园工作中帮助幼儿表达自己的主观感受和想象。

一、简笔画的造型原则与方法

（一）简约与概括

"形简"是简笔画区别于其他绘画形式的最主要、最关键的特点，所以造型简洁是简笔画首要突出的造型原则。概括是减少琐碎细节、突出形象最明显的特征，比如可以将具有椭圆形特征的树冠概括为椭圆形。（图1-3-1）

（二）拟人与夸张

拟人是在描绘动物、植物等人类以外的物象时，赋予其人类形象或动态特征，使形象更加生动有趣。比如给香蕉画上手和脚，让它具有人一样的特征。夸张是根据画面需要有意识地把形象的主要特征夸大、突出和强调，使其产生一种视觉张力和感染力，如让长颈鹿的脖子更长、腿更短。（图1-3-2）

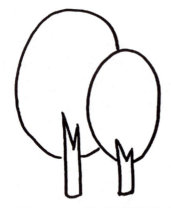

▲ 图1-3-1　简笔画造型示例1

▲ 图1-3-2　简笔画造型示例2

（三）鲜明与童趣

简笔画遵从童趣鲜明的原则，因此要表现形象最突出的特点，能够让人们有效识别。幼儿的世界天真烂漫，幼儿简笔画的造型一定要生动活泼，充满童趣。（图1-3-3）

二、简笔画的造型表现与步骤

简笔画的造型表现要在观察和理解的基础上，站在幼儿的视角上，采用幼儿特有的方式来表现客观世界。简笔画常见的表现内容可以分为：器物、植物、动物、人物和景物等。

（一）器物的造型表现与步骤

器物是我们在日常生活中最常见、最易于表现的各类用具的总称。生活中的器物主要包括日常用

▲ 图 1-3-3 简笔画造型示例 3

品、交通工具、家用电器、儿童玩具、服装鞋帽等。

1. 造型表现

要想画好器物简笔画,须在观察和理解的基础上,通过对比和删繁就简,表现形象的主要特征。如简约概括、强化特征、符号示意。

(1)简约概括。简约概括器物的外部整体形象特征及内部各部分结构。如公交车可以简约概括为长方形。(图 1-3-4)

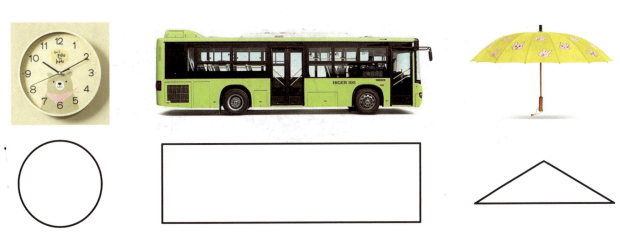

▲ 图 1-3-4 概括基本形体

(2)强化特征。对器物进行概括和取舍,使形象更加简洁,易于表现。

(3)符号示意。生活中有些器物会有温度、声音和气味等,如要表现得生动,需要添加特殊的美术符号进行辅助表征。(图 1-3-5)

▲ 图 1-3-5 简化复杂形象、符号示意

2. 基本步骤

步骤一:观察器物特征,用几何形体概括基本形,添画造型内部细节,注意结构比例关系。

步骤二：根据器物色彩特点，采用平涂、渐变、叠色等方式进行填色，强化器物特征。
步骤三：根据器物总体特点，调整画面色彩关系。（图1-3-6）

▲ 图1-3-6 器物简笔画绘画步骤

3. 生活中常见器物简笔画示例

（1）日常用品（图1-3-7）

▲ 图1-3-7 日常用品简笔画示例

（2）交通工具（图1-3-8）

▲ 图1-3-8 交通工具简笔画示例

(3) 家用电器(图1-3-9)

▲ 图1-3-9 家用电器简笔画示例

(4) 儿童玩具(图1-3-10)

▲ 图1-3-10 儿童玩具简笔画示例

(5) 服装鞋帽(图1-3-11)

▲ 图1-3-11 服装鞋帽简笔画示例

（二）植物的造型表现与步骤

水果、蔬菜和花卉等植物在生活中随处可见，通过植物简笔画练习可以培养师范生热爱大自然、热爱生活的美好情感。

1. 造型表现

（1）概括植物基本形态

植物形体结构有繁有简，要画好植物，就要对植物形象进行概括，突出结构和外貌特征。可以将植物形象概括为圆形、方形、三角形、扇形、梯形等几何形状，或是几何形的组合。

（2）简化植物复杂形态

植物品种繁多，姿态各异，在表现复杂的植物形体结构时，不仅要概括其基本形态，还要对形态进行简化处理，凝练概括主要部位，简化或舍弃复杂部位。

2. 基本步骤

步骤一：观察植物，舍弃复杂繁琐的细节，运用几何形状概括基本造型，突出植物的生物性特点。

步骤二：添画植物内部细节，注意纹理和结构的表现。

步骤三：根据植物固有色彩，采用平涂、渐变、叠色等方式进行填色。（图1-3-12）

▲ 图1-3-12 植物简笔画绘画步骤

3. 生活中常见植物简笔画示例

（1）瓜果（图1-3-13）

▲ 图1-3-13 瓜果简笔画示例

(2) 蔬菜(图 1-3-14)

▲ 图 1-3-14 蔬菜简笔画示例

(3) 花卉(图 1-3-15)

▲ 图 1-3-15 花卉简笔画示例

(4) 树木(图 1-3-16)

▲ 图 1-3-16 树木简笔画示例

（三）动物的造型表现与步骤

动物简笔画在幼儿园美术教学活动、环境创设等方面的应用都极其广泛。可以将动物分为鸟禽类、小型四肢类、水族类、昆虫类等。

1. 造型表现

（1）概括动物基本形态

在进行动物简笔画创作时，要仔细观察动物的外形特征，选取最佳的姿势和角度，将动物的形态运用几何体进行概括，把握各部位的比例关系。

（2）把握动物的动态特征

动物姿态万千，富于变化，在进行简笔画创作时要正确把握动物的动态，比如根据动物的姿势加入不同的头部特征来表现动态效果。

2. 基本步骤

结合器物与植物简笔画造型表现步骤，动物造型步骤还需注意动物的动态把握，下面以鸟的简笔画绘画步骤为例。

步骤一：观察动物形态，将动物的头部、躯干、四肢用几何形体概括。

步骤二：细化动物动态特征，注意比例关系和结构的表现。

步骤三：根据动物的颜色特点，采用平涂、渐变、叠色等方式进行填色。（图1-3-17）

示范视频1-8
动物简笔画绘画步骤

▲ 图1-3-17 动物简笔画绘画步骤

3. 生活中常见动物简笔画示例

（1）鸟禽类（图1-3-18）

▲ 图1-3-18 鸟禽类动物简笔画示例

(2) 小型四肢类(图1-3-19)

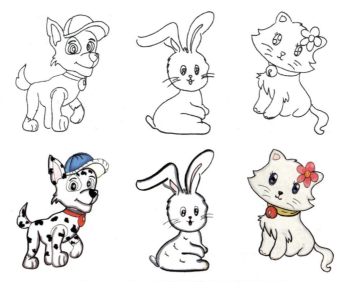

▲ 图1-3-19 小型四肢类动物简笔画示例

(3) 水族类(图1-3-20)

▲ 图1-3-20 水族类动物简笔画示例

(4) 昆虫类(图1-3-21)

▲ 图1-3-21 昆虫类动物简笔画示例

（四）人物的造型表现与步骤

人物是简笔画中经常出现的造型，尤其是叙事性的简笔画作品。画人物简笔画要掌握人体基本比例关系、头部特点、动态特征等。在人物简笔画创作中，应避免人物画法的模式化，提高幼儿的创造能力。

1. 造型表现

（1）人体比例

通常人体的比例以头长为单位。一般情况下，成年人身高约为 7 个头长，一个健康的幼儿身高约为 4 个头长。通常，幼儿年龄越小，四肢会显得短小，而头部会显得比较大。但随着年龄的增长，头身比例也会出现相应变化。（图 1-3-22）

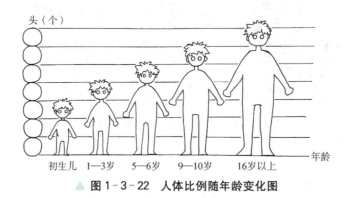

▲ 图 1-3-22 人体比例随年龄变化图

（2）头部特点及面部表情

幼儿的头部特征和五官特点可以概括为：头大、前额大、眼睛大、鼻子小、嘴小、眉毛淡，整个面部呈圆形。人物典型的表情有：喜、怒、哀、惊。（图 1-3-23）

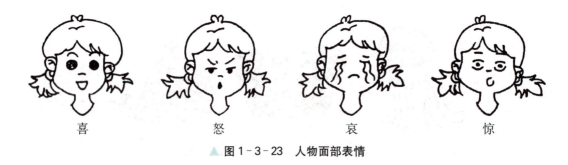

▲ 图 1-3-23 人物面部表情

（3）动态特征

人物简笔画常用的动态有：站、走、跳、跑等。（图 1-3-24）

▲ 图 1-3-24 人物动态特征

2. 基本步骤

结合动物简笔画造型表现步骤，人物造型步骤还需注意人物的表情特点，下面以幼儿造型为例，说明基本表现步骤。

步骤一：观察人物形象特征，确定比例关系，画出基本站立动作造型。

步骤二：细化面部表情，描绘肢体动作、服饰、发型等细节，把握动态特征。

步骤三：采用平涂、渐变和叠色等方法进行填色。(图 1-3-25)

示范视频1-9
人物简笔画
绘画步骤

▲ 图 1-3-25　人物简笔画绘画步骤

3. 人物简笔画示例(图 1-3-26)

▲ 图 1-3-26　人物简笔画示例

（五）景物的造型表现与步骤

景物简笔画以风景为题材，景物一般包括植被、地貌等自然环境风景及房屋、桥梁等社会及人工环境，还涵盖点缀景物的器物、植物、动物、人物等内容。

1. 造型表现

（1）取景

景物简笔画要选择相对简单的场景，关键是要明确景物的前后遮挡关系和左右位置关系。

（2）合理构图

景物简笔画的表现范围比较广泛，在构图时，要明确主体景物要放在合适的位置，做到大小适中、布局合理，使画面生动有趣。

2. 基本步骤

步骤一：仔细观察所要描绘的风景，选取合适的景物确定画面具体内容。

步骤二：根据选中的景物进行构图，简约概括出景物的造型特征。

示范视频1-10
景物简笔画
绘画步骤

步骤三:根据景物色彩风格,采用平涂、渐变和叠色等方法进行填色,丰富画面效果。(图 1-3-27)

▲ 图 1-3-27 景物简笔画绘画步骤

3. 景物简笔画示例(图 1-3-28)

▲ 图 1-3-28 景物简笔画示例

三、简笔画创编

对于师范生而言,简笔画创编多用于幼儿园保教实践,如语言类活动、过程性活动、描述性活动等,所以简笔画造型、色彩等,应符合幼儿的认知特点,同时主题应明确,形式应丰富多样,形象应生动有趣,以引发幼儿的想象力和创新能力,提高幼儿的叙事能力。

(一)创编的常见类型

简笔画创编的常见类型有二:一是独幅简笔画,即用一幅画来表现一个故事或一个场景;二是多幅简笔连环画,它是由两幅或两幅以上连续的画面来表现的,画面不仅需要有故事性、情节性,而且要具有连续性或联想性。

(二)独幅简笔画的创编步骤

以"开心乐园"主题为例进行独幅简笔画创编。(图 1-3-29)

步骤一:确定画面的主题氛围,"开心乐园"的画面要表现出幸福快乐的气氛。
步骤二:根据主题确定画面的主要形象,比如"开心乐园"里面有人物、动物、风景等。
步骤三:将确定的主要形象合理安排画面位置,确定比例关系。
步骤四:表达各形象的造型特点,合理选用色彩进行填色,调整画面整体关系。

▲ 图 1-3-29 "开心乐园"主题简笔画

（三）简笔连环画的创编步骤

以"漫步太空"主题为例进行简笔连环画创编，简笔连环画在独幅简笔画的基础上需要增加画面故事的连贯性。（图 1-3-30）

步骤一：确定画面需讲述的故事，"漫步太空"的画面要表现出在太空活动的场景。

步骤二：根据故事确定画面的主要形象，比如"漫步太空"里面可以有人物、动物、星球等。

步骤三：确定连环画每幅的画面内容，比如"到达太空，在太空玩耍，在太空钓星星，带礼物回家"，根据每幅画面的故事内容将形象合理地安排画面位置，确定比例关系，简约概括形象特点。

步骤四：表达各形象的造型特点，合理选用色彩进行填色，调整画面整体关系。

▲ 图 1-3-30 "漫步太空"主题简笔连环画

第四节 简笔画在幼儿园中的应用

简笔画作为幼儿园教师基本执业技能之一,其绘制方法简单,画面简洁、通俗易懂,符合幼儿认知和学习特点,可以帮助幼儿发展认知,被广泛应用于幼儿园各领域的教育活动和环境创设之中。(图1-4-1)

▲ 图1-4-1 简笔画在幼儿园区角活动中的应用

一、简笔画在教育活动中的应用

(一)简笔画在幼儿艺术领域活动中的应用

简笔画作为美术活动中的绘画形式之一,可以与多种材料相结合,表现形式丰富多样。它可以应用于手工活动、幼儿绘本的开发与制作、玩教具制作、幼儿园教育环境创设等。在音乐、舞蹈等艺术活动中,教师也可以绘制一些有趣的动物、人物等角色形象,创设良好的教学情境,充分调动幼儿参与活动的积极性。

(二)简笔画在教育教学活动中的应用

1. 简笔画在幼儿园语言领域中的应用

幼儿对图形的认知水平远远高于对文字的认知水平,所以在语言教育活动中,教师经常利用一些较典型的图形来引导幼儿进行语言训练。例如,"看图讲故事"不仅能加深幼儿的记忆,还能扩展幼儿的思维,让幼儿自然地获得知识,提升语言表达能力。

2. 简笔画在幼儿园科学领域中的应用

幼儿对一切新鲜事物都充满了好奇,教师可以根据幼儿这一心理特点,在科学领域主题活动中,利用简笔画的形式,将他们所熟悉的事物名称、用途和特点等表现出来,引导幼儿去感知、认识自然万物。(图1-4-2—图1-4-6)例如,教师将颜色混合的变化过程用简笔画的形式展现出来,可以更加直观地将色彩变化规律展现给幼儿,让幼儿一目了然地了解与掌握自然科学

▲ 图1-4-2 自然科学主题教育活动应用

知识。

事实上,简笔画可以在五大领域教育活动和游戏活动中得到广泛应用。

▲ 图1-4-3 手工作品

▲ 图1-4-4 绘本作品

▲ 图1-4-5 幼儿园环境创设

▲ 图1-4-6 玩教具作品

二、简笔画在幼儿园的应用案例

大班美术活动"有趣的十二生肖"

活动目标

1. 尝试用简单的线条和图形,大胆表现表达,概括自己喜欢的动物的形象特征。
2. 了解十二生肖中的动物及先后排列顺序,能说出自己和家人的属相。

活动准备

1. 经验准备:了解十二生肖相关知识,知道自己和父母的属相。
2. 物质准备:关于十二生肖的动画视频,十二生肖的动物图片,八开卡纸,记号笔,水彩笔,油画棒。

活动过程

1. 视频导入

教师:小朋友们,你们都知道自己的属相吗?你们知道十二生肖中其他小动物吗?你最喜欢哪个小动物,为什么?

接下来,让我们一起来数一数视频中一共出现了几只小动物?它们分别是什么?

引导幼儿认真观看视频,尝试说出十二生肖所包含的动物名称,知道十二生肖是我国独有的传统文化。

2. 观看图片,说一说十二生肖的形象特征

(1)教师出示十二生肖的图片

引导幼儿观察不同动物的形象特点,鼓励幼儿说出不同动物的典型特征。

(2)引导幼儿用基本图形概括不同动物的形态结构

教师:小朋友们,想一想,你们最喜欢的小动物可以用哪些基本图形概括呢？哪个小朋友愿意到前面来尝试说一说？

(3)鼓励幼儿用联想、夸张、拟人等手法将小动物画出来

教师:小朋友们,你们最喜欢十二生肖中哪一种动物呢？你们可以尝试把自己喜欢的小动物画出来。

引导幼儿大胆表达自己的想法。

3. 幼儿创作,教师巡回指导

(1)分析形象特征

教师引导幼儿运用不同的线条、图形表现动物的基本部分与主要特征。

(2)选择搭配色彩

鼓励幼儿尝试用对比色、相似色、同类色等多种配色方法,表现绘画内容,根据自己的想法大胆设色、配色。

(3)表现画面情节

鼓励幼儿按照自己的意愿作画,可以采用夸张、拟人等表现手法,展现一定的故事情节。

4. 作品赏析,表达感受

幼儿将自己的作品向同伴展示,引导幼儿说一说自己最喜欢哪一幅作品,并说明喜欢的原因。

教师引导幼儿从动物典型特征、画面构图、色彩搭配、作品创意等方面进行评价。

幼儿通过简笔画绘画活动"有趣的十二生肖",能够运用简笔画的造型方法表现不同动物的形象特征,知道十二生肖的排序,了解十二生肖是我国特有的传统文化。

5. 活动分析与反思

(1)融入传统文化

十二生肖是中国流传千年的传统文化,有着丰富的历史背景和现实意义。作为中华儿女,我们有必要让幼儿从小了解中国的传统文化。每一个幼儿都知道自己的属相,对十二生肖并不陌生,但是对于十二生肖为什么是由这十二种动物组成,它们为什么会有先后顺序,幼儿非常好奇,所以本次活动通过简笔画的形式,让幼儿了解这些知识,使抽象、复杂的十二生肖知识变得更形象生动、简单有趣。

(2)丰富活动形式

活动形式可以多种多样,可以设计拓展延伸活动,可以通过十二生肖的故事和儿歌来帮助幼儿记忆顺序,也可以引导幼儿将绘制的十二生肖形象剪下来,制作成绘本故事,或者制作成头饰,进行角色扮演等。教师要开动脑筋,灵活运用多种教学方法,充分调动幼儿的积极性,培养幼儿的创新能力。

单元小结

本单元通过认识简笔画、了解简笔画的工具、材料和表现语言,并掌握器物、植物、动物、人物和景物五个方面的造型技巧,进而综合运用简笔画的造型方法进行创编,将学习内容应用于幼儿园美术活动实践,以支持师范生卓有成效地开展各类保教活动。

本单元的学习重点是熟练运用各种工具、材料绘制不同类型的简笔画,并能够根据幼儿园保教活动和环境创设需要创编简笔画形象。总之,在幼儿园,可以充分结合活动主题,利用简笔画,创设丰富的保教情境,开展不同领域的教育教学活动,这些都有助于激发思考想象、提升活动趣味、化解活动难点。

思考与练习

1. 运用所学知识完成下列表格中的简笔画创作。

器物	植物	动物	人物	景物
水壶	松树	小鸡	女孩	日出
火车	苹果	海豚	爷爷	森林小屋

2. 结合幼儿排队、盥洗、进餐等一日生活要求,创作一幅简笔画作品。作业要求:1幅,8开大小,工具不限,符合幼儿审美特点和情趣。

3. 请以"魅力幼儿园"为主题,创编多幅简笔连环画。作业要求:3—5幅,4开大小,工具不限,且要赋色。

第二单元 卡通画

学习目标

1. 了解卡通画的特点及其造型特征。
2. 能够使用简单的形状表现卡通画,了解不同表现形式的卡通画。
3. 能够在幼儿园教育活动、环境创设和玩教具制作中灵活运用卡通画。

内容结构

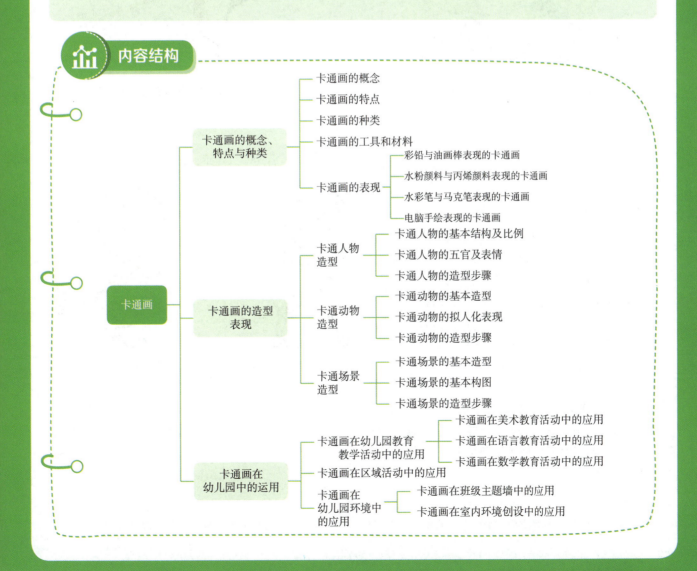

第一节　卡通画的概念、特点与种类

一、卡通画的概念

卡通，20世纪20年代末出现在中国，源于英文"cartoon"，是对"非真人电影"的最早叫法。① 卡通画综合了漫画、连环画的表现形式，常采用手绘或计算机绘图等方法，根据动画表现手法绘制成单幅或连环静态的画面，风格和表现手法多种多样，广泛用于广告、漫画、动画、游戏等领域，具有强烈的视觉冲击力和娱乐性，能够吸引观众的注意力，是一种深受儿童喜爱的造型艺术形式。（图2-1-1、图2-1-2）

▲ 图2-1-1　《宝莲灯》中的卡通动画形象

▲ 图2-1-2　《大闹天宫》中的卡通动画形象

二、卡通画的特点

简洁与概括　卡通画的画面简洁概括，不拘泥于细节的刻画。常用基本的几何形状代替物象轮廓特征，用简单的点和线就可以表现物象的表情，一个形状可以表现手脚，也可以形成符号化语言表现物象的某一个部分，如符号"⊙"就可以用来表现眼睛，用到不同的物象上。（图2-1-3）

幽默与拟人　卡通画表现形式独特，富有情趣，极具幽默性，通过流畅的线条表现简洁的物象，辅以拟人化特征，让卡通画的世界充满灵气和生机，常用来表现童真和童趣的儿童日常生活、游戏活动及玩具用品等。（图2-1-4）

▲ 图2-1-3　简洁与概括

夸张与变形　卡通画常用夸张变形的手法强化物象的主要特征，让人记忆深刻。在夸张和变形的过程中，让长的更长、短的更短，让胖的更胖、瘦的更瘦，让大的更大、小的更小。同时，也可改变物象原有大小、形状、颜色等特征，使其形象更加令人关注，产生意想不到的视觉效果。（图2-1-5）

---

① ［美］伊莱恩·皮尔·科汉，鲁斯·斯特劳斯·盖纳.美术，另一种学习的语言[M].尹少淳，编译.长沙：湖南美术出版社，2002.

▲ 图2-1-4 幽默与拟人

▲ 图2-1-5 夸张与变形

三、卡通画的种类

根据卡通画常表现的内容,其种类可以分为人物、动物、场景等三大类。(图2-1-6—图2-1-8)

▲ 图2-1-6 人物卡通画

▲ 图2-1-7 动物卡通画

▲ 图2-1-8 场景卡通画

比一比:卡通画与简笔画的区别

卡通画与简笔画相比较,在表现对象、手法及效果上存在一定的差异。具体来说,卡通画主要表现人物或拟人化动物,表现手法较为细致,有时需要一定的透视及精准的写实造型能力,还要有夸张及变形的表现技巧,艺术观赏性更高,可以表现具有一定空间、较为立体、有幽默感和讽刺性的艺术效果;简笔画可表现的对象包括器物、植物、动物、人物、景物等,更为广泛,表现手法简洁、快速、不追求细节,通过抓最典型、最突出的事物特征,以平面化、程式化的方法画出概括性、辨识性强的形象。学习卡通画,通常能够增强幼儿自主创作的想象力和创造力。(图2-1-9、图2-1-10)

▲ 图2-1-9 简笔画与卡通画的对比1

▲ 图2-1-10 简笔画与卡通画的对比2

四、卡通画的工具和材料

各画种的工具、材料都可以用于卡通画的造型表现,绘画工具使用基本同简笔画;水彩纸、水粉画纸、白卡纸(双面卡、单面卡)、铜版纸、麦克笔纸、插画用冷压纸及热压纸、合成纸、彩色纸板等,都是表现卡通画的理想纸张。卡通画设色则可以选择水粉颜料、水彩颜料、中国画颜料、丙烯颜料等常用颜料。

五、卡通画的表现

(一) 彩铅与油画棒表现的卡通画

彩铅色彩变化丰富,刻画精细,可以用来表现质感比较细腻的卡通画;油画棒在着色过程中易操作,覆盖力强,颜色叠加性能优异。在涂色中应用混色、层涂、刮除、油水分离等技法来丰富卡通画的画面效果。油画棒表现的卡通画效果颜色鲜艳,色相准确,表现力强,笔触明显。(图2-1-11)

(二) 水粉颜料与丙烯颜料表现的卡通画

水粉颜料与丙烯颜料都可用水稀释,利于清洗,干燥快速。在着色过程中可以使用平涂、点彩等技法来表现卡通画的画面效果。水粉颜料与丙烯颜料表现的卡通画色彩饱满艳丽,画面丰富柔润,明亮浑厚。(图2-1-12)

▲ 图2-1-11 彩铅与油画棒卡通画　　▲ 图2-1-12 水粉与丙烯卡通画

(三) 水彩笔与马克笔表现的卡通画

水彩笔与马克笔性质相似,着色简便,通过笔触的并置和叠加可以产生丰富的效果。在着色过程中可以使用排线、平涂、色块组合等方式来表现卡通画的画面效果。水彩笔与马克笔表现的卡通画色彩丰富透明,鲜艳亮丽,笔触明显。(图2-1-13)

(四) 电脑手绘表现的卡通画

随着现代计算机绘图软件的普及和技术应用的发展,现代年轻人还可以利用数字手绘板进行卡通画造型创作,结合了现代科技与传统手绘艺术的优点,可以模拟铅笔、钢笔、水彩笔、油画棒等多种工具效果,利用不同压力和技巧完成平涂、对称、阴影、渐变、肌理等变化,更加快捷地实现个性化创作,可产生独特的视觉艺术效果。(图2-1-14)

▲ 图2-1-13 水彩笔与马克笔卡通画　　▲ 图2-1-14 电脑手绘卡通画

第二节　卡通画的造型表现

卡通画常见的造型表现可以分为卡通人物造型、卡通动物造型、卡通场景造型三大类。

一、卡通人物造型

本节重点详解卡通人物的结构比例、面部五官表情、人物整体造型表现的基本方法与技巧，卡通动物及场景造型可以参照卡通人物造型的相关内容部分操作。

（一）卡通人物的基本结构及比例

画好卡通人物，需要了解人物的基本结构、人体各部分比例关系。

1. 卡通人物的基本结构

为了方便理解和描绘，卡通人物可以分为头部、躯干、上肢和下肢四个部分进行讲解。

头部：人物的头部形态一般为圆形或椭圆形，也可以概括出多种形态的脸型，用不同的形状表现人物不同的性格特点，如：正直的人可选择长方形、可爱的人选择圆形、爱占小便宜的人选择三角形等。（图2-2-1）也可以通过组合形体、添加不同发型等手段，表现性格、气质、职业等特征各异的人物。（图2-2-2、图2-2-3）

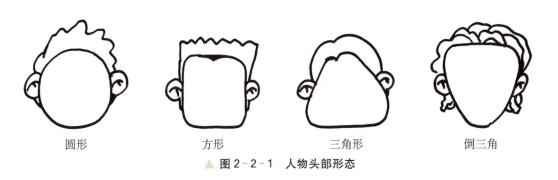

圆形　　　　方形　　　　三角形　　　　倒三角
▲ 图2-2-1　人物头部形态

▲ 图2-2-2　头型组合图

美术——造型拓展与应用

▲ 图2-2-3 头发发型

躯干：人物体态可以概括为不同的形状。如：女士一般选择三角形；强壮的成年男士选择倒三角形；文质彬彬的人可选择长方形；老人可选择长方形，也可选择圆形；儿童除倒三角形外均可选择，比例与成人有所区别；也可将头部和躯干形状进行交叉组合，表现不同体态、性格的人物。（图2-2-4、图2-2-5）

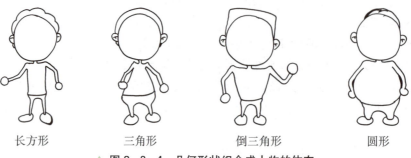

长方形　　　三角形　　　倒三角形　　　圆形

▲ 图2-2-4 几何形状组合成人物的体态

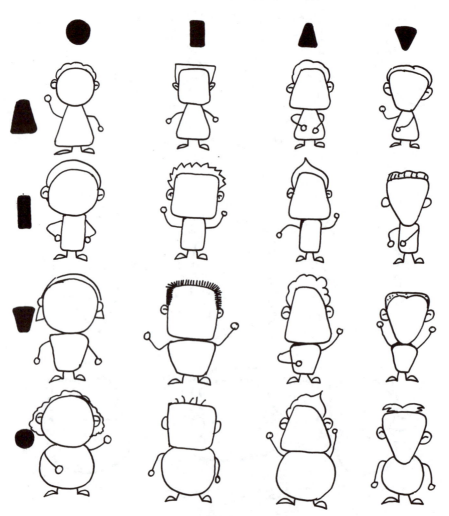

▲ 图2-2-5 卡通人物头身基本形状组合示例

上肢：分为肩、上臂、肘、前臂、腕和手部。**下肢**：分为臀部、股部、膝部、胫部和足部。卡通画简化表现上肢和下肢，用直线或长方形代替上肢中肩、上臂、肘、前臂、腕部或下肢中臀、股、膝、胫、足部，可着重表现手、脚。（图2-2-6、图2-2-7）

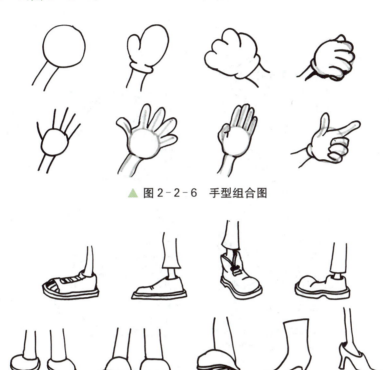

▲ 图2-2-6 手型组合图

▲ 图2-2-7 脚型组合图

人物动态及表现：

人在运动时会有站立、行走、蹲起、跑跳等动作，人体头、躯干、四肢等部位，尤其是颈、肩、肘、腕、指、腰、髋、膝、踝等部位也会随运动而产生相应动态变化。需遵循一定运动规律，保持身体重心平衡，这些动作或动态才会协调。在卡通画造型绘制操作过程中，常会将人物头部概括为圆形，躯干、上肢、下肢简化为直线，与身体各部位及关节连接，以骨线式表现简易人体动作及规律；或将躯干、骨盆等处概括为梯形，手、足、关节等处概括为不同简易形状，以连杆式造型的简易方法使用骨架式或连杆式的手段概括人体各部分比例结构，把握人体动态规律，然后进行深入刻画。（图2-2-8）

▲ 图2-2-8 卡通人物动态图

2. 卡通人物的基本比例

人物高度在绘画表现时常以头部长度为单位,成人身高一般为7个或7个半头长。卡通人物的表现,为突出人物特征和趣味性,通常会把人物比例设置在1—5个头长,并符合头大身小的特点。(图2-2-9、图2-2-10)

▲ 图2-2-9　一个头长和两个头长身高　　　　　　▲ 图2-2-10　三个头长身高

（二）卡通人物的五官及表情

1. 五官的画法

卡通人物的五官画法包括眉毛、眼睛、鼻子、嘴巴、耳朵的造型表现技巧。应根据人物不同的五官特点选择不同的表现方法。

人物的眉毛和眼睛可用仰俯角度不同的线条和聚散有度的点来表现,也可用圆圈和点固定的方式来表现,如哀伤时眼线向下,惊恐时可用放大的圆圈来表现。眼睛(图2-2-11)是人类心灵的窗户,可以表现情感、传递表情信息,人物眼睛及神态的把握非常重要。鼻子(图2-2-12)的变化相对较少,有些卡通画还可省略。鼻子表现结构特点,注意正、侧轮廓的区别。可根据不同人物特点选择形态各异的鼻子。如胖人可选圆鼻子,瘦人可选尖鼻子。嘴巴(图2-2-13)变化丰富、表情状态不同,嘴唇、牙齿、舌头等细节刻画能直接反映人物表情特点,如微笑时嘴巴微向上扬,大笑时嘴巴张开,悲伤时嘴角微向下垂。耳朵(图2-2-14)的画法比较概括,变化不大,正面与侧面耳朵都可用"C"形表现,背面耳朵可用横着的"蘑菇"形表现。

▲ 图2-2-11　眼睛示例图

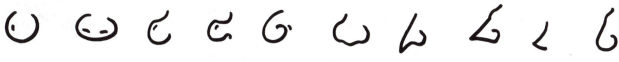

▲ 图 2-2-12　鼻子示例图

▲ 图 2-2-13　嘴巴示例图

▲ 图 2-2-14　耳朵示例图

2. 表情的画法

人物面部表情与五官各部分相互协调配合及面部肌肉的微妙变化密切相关，尤其是眼睛和嘴巴的动态。面部丰富表情的细微变化，使卡通人物更灵动有趣，如微笑时嘴巴微微向上、眼角微微下垂；大笑时嘴巴张开、眼睛闭合；悲伤时嘴巴微微下撇、上眼睑下垂；哭泣时嘴巴张大、眼睛紧闭、伴有泪水；吃惊时嘴巴呈圆形张开、眼睛睁大等等。(图 2-2-15)

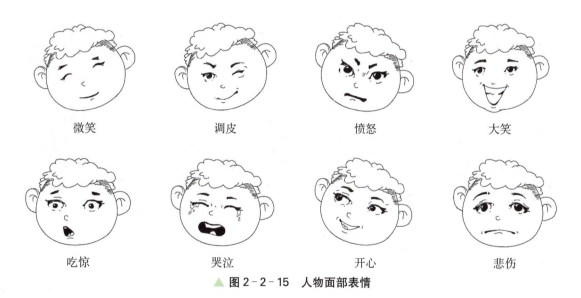

▲ 图 2-2-15　人物面部表情

（三）卡通人物的造型步骤

卡通人物的造型过程需要从概括人物身体各部分基本形开始，抓住人物的体态、五官、肢体、动态等典型特征，对最突出的特征进行合理的夸张和变形处理，恰当地对形体空间、色彩配置进行精细刻画。步骤具体如下(图 2-3-16)：

步骤一：用线条勾勒出人物的外形。
步骤二：画出五官以及身体和衣服的细节。
步骤三：给人物铺上明暗色调。
步骤四：给人物形象上色。

示范视频 2-1
卡通人物造型训练

步骤一 勾勒外形

步骤二 画出五官服饰

步骤三 画出明暗关系

步骤四 人物设色

▲ 图2-2-16 卡通人物造型步骤

二、卡通动物造型

卡通动物的造型方法,需要统筹考虑所描绘动物的外形结构特点、动态规律、生活习性等因素,明确主题卡通造型创作意图,结合最典型特征的拟人化处理方式,依据不同类型的动物造型特点进行设计和绘制。

(一)卡通动物的基本造型

1. 四肢类 四肢类动物由头、躯干、四肢和尾巴构成,其基本形可用圆形、三角形、梯形和长方形等代替,按四肢类动物的结构特点进行组合,然后找出其最为典型的特征进行刻画。

拟人化的卡通四肢类动物需要保留不同四肢类动物的头部、身、腿、尾等典型性特征,尤其要保留与人物的结构与骨线动态相结合的特点,运用夸张、变形的造型方法进行卡通形象造型表现与创作。(图2-2-17—图2-2-19)

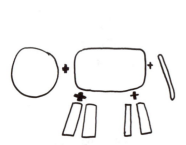
步骤一:躯干四肢基本形组合

步骤二:猫基本特征

步骤三:拟人骨线动态

步骤四:卡通造型

▲ 图2-2-17 卡通猫画法步骤

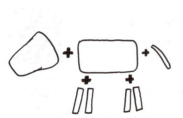
步骤一:躯干四肢基本形组合

步骤二:马基本特征

步骤三:拟人骨线动态

步骤四:卡通造型

▲ 图2-2-18 卡通马画法步骤

步骤一:躯干四肢基本形组合　　步骤二:松鼠基本特征　　步骤三:拟人骨线动态　　步骤四:卡通造型

▲ 图 2-2-19　卡通松鼠画法步骤

2. 禽鸟类

禽鸟类可以概括为头、躯干、翅膀、爪和尾部,用圆形、半圆形、椭圆形和长方形等代替,按照禽鸟类的结构特点进行组合。头部概括为三角形和圆形,躯干概括为椭圆形,翅膀概括为半圆形,进行基本形状的组合,然后找出不同的典型特征进行刻画。

拟人化的卡通禽鸟需要保留不同鸟类头部、爪、翅膀等典型性特征,与人物的结构与动态相结合,完成卡通形象的造型表现与创作。(图 2-2-20)

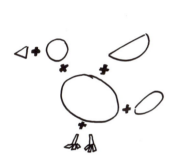   

步骤一:基本形组合　　步骤二:公鸡基本特征　　步骤三:拟人骨线动态　　步骤四:卡通造型

▲ 图 2-2-20　卡通公鸡画法步骤

3. 昆虫类

昆虫类可以概括为头、胸腹、翅膀和腿,用圆形、半圆形、椭圆形和长方形等代替,按照昆虫类的结构特点进行组合。头部概括为长条形和圆形,躯干概括为长方形或长椭圆形,翅膀概括为半圆形,进行基本形状的组合,然后找出不同的典型特征进行刻画。

拟人化的卡通昆虫需要保留不同昆虫头部、胸腹和翅膀等典型性特征,使其与人物的结构与动态相结合,采用卡通人物的造型方法进行创作。(图 2-2-21)

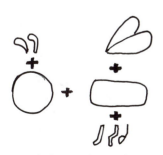   

步骤一:基本形组合　　步骤二:蝴蝶基本特征　　步骤三:拟人骨线动态　　步骤四:卡通造型

▲ 图 2-2-21　卡通蝴蝶画法步骤

（二）卡通动物的拟人化表现

卡通动物的拟人化表现，主要体现在动物的五官和动态被赋予了人物的各种表情与肢体动作等特征，概括、夸张等表现手法使其形象更加生动、幽默、传神。（图2-2-22、图2-2-23）

▲ 图2-2-22 动物拟人化表情

▲ 图2-2-23 动物拟人化动态

（三）卡通动物的造型步骤

以卡通鱼拟人化造型表现过程为例，鱼类头、身、鳍和尾可概括为三角形、长椭圆形、长方形或四边形等，按照其结构特点进行基本形状组合，保留卡通动物最典型的头、尾等特征进行拟人化五官、身体结构、服饰、动态等细节处理，辅以符号化语言进行活动背景及情境氛围的营造（图2-2-24）：

步骤一：分解动物各部分结构基本形体的组合关系、用简笔画的方式描绘动物造型基本特点。

步骤二：用流畅的线条勾勒出卡通动物外部轮廓的基本形。

步骤三：结合人物体态动作特点，对卡通动物五官、身体、服饰进行拟人化处理。

步骤四：为拟人化的卡通动物设计明暗色调及颜色。

步骤五：添加符号化语言，完善卡通动物的活动背景或情境氛围。

示范视频2-2 卡通动物造型训练

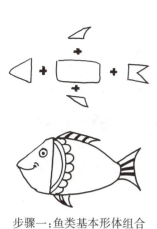    

步骤一:鱼类基本形体组合　　步骤二:基本外形特征线造型　　步骤三:拟人化动态特征　　步骤四:拟人化形象造型　　步骤五:符号情境氛围营造

▲ 图 2 - 2 - 24　卡通动物(鱼)拟人化造型步骤

除手绘卡通动物拟人化造型外,利用 Adobe Illustrator、Adobe Photoshop 等图形图像处理软件也可以完成数字化矢量卡通动物的造型设计,如"临清狮猫"拟人化造型(图 2 - 2 - 25)。

步骤一:基本形体组合　　步骤二:侧面形象造型 1　　步骤三:侧面形象造型 2　　步骤四:拟人化正面形象造型　　步骤五:服饰身份职业情境营造

▲ 图 2 - 2 - 25　卡通动物(临清狮猫)拟人化造型步骤[①]

三、卡通场景造型

(一) 卡通场景的基本造型

卡通场景的基本造型元素,是能够服务于主体形象的主题活动空间背景或为营造故事情境氛围而配置的植物、器物、建筑、自然景物等内容。(图 2 - 2 - 26—图 2 - 2 - 29)在卡通造型的过程中,概括各类别

▲ 图 2 - 2 - 26　卡通植物

---

① 由聊城幼儿师范学校陈蕊制作。

▲ 图 2-2-27 卡通器物

▲ 图 2-2-28 卡通建筑

▲ 图 2-2-29 卡通景物

物象的基本外形特点，先进行基本形的组合，抓住其最典型的主要特征，采用适度的夸张和变形手法进行细节刻画，常与主题活动或故事情节相关联，并通过拟人化、生活化的处理，与主体形象表情、肢体或动作结合表现主体生活环境。

（二）卡通场景的基本构图

卡通场景在构图时常会采用水平式、三角形、对角式、散点式等基本构图形式。水平式构图画面安定、平和，可增强画面的稳定感，主要物体一般处于画面正中略偏上或偏下的位置，各部分在形状、大小、高矮、颜色等因素上形成前后空间层次对比关系；三角形构图以三点成面的几何构成布局景物，形成一个稳定的斜三角、正三角或倒三角形，具有安定、均衡又不失灵活的特点；对角式构图是将画面中的物象整体或边缘沿直、曲或折线形的对角线延伸引导方向布置；散点式构图，画面呈现多个兴趣点、表现语言多样化，不受时间、空间的限制，可以自由表达所思所感，给人一种开阔的感觉，需注意物体间要有一定联系，应做到形散神不散。（图2-2-30—图2-2-33）

▲ 图2-2-30　水平式构图

▲ 图2-2-31　三角形构图

▲ 图2-2-32　对角式构图

▲ 图2-2-33　散点式构图

（三）卡通场景的造型步骤

卡通场景的设计与造型表现，需要处理好主题形象与周围场景的相互衬托关系。在构图、形象设计及色彩配置上，既要突出主体物象，又要符合故事发展情境特点，活动背景及情境氛围的营造可以辅以符号化语言元素的点缀。卡通场景的造型步骤具体如下（图2-2-34）：

步骤1：合理安排主体形象及典型环境的空间位置、形体大小，明确主次及前后关系；用流畅、简练的线条画出主体形象和典型场景的基本外形轮廓。

步骤2：细致刻画主体形象特点，加强用线对比、丰富典型特征拟人化细节，让画面更生动，层次更清晰。

步骤3：为主体卡通形象设计立体空间、明暗色调及配置色彩。

步骤4：深入完善卡通场景背景层次及活动情境氛围。

示范视频2-3 卡通场景造型训练

步骤1 合理构图、画出物象基本形

步骤2 细致刻画主体形象与环境

步骤3 主体形象空间明暗色彩配置

步骤4 完善背景层次与情境氛围

▲ 图2-2-34 卡通场景的造型步骤

第三节　卡通画在幼儿园中的运用

卡通画以其独特的表现形式和简洁生动、夸张幽默、极富童真童趣的艺术感染力，在幼儿园有非常广泛的应用，尤其在幼儿园教育活动、区域游戏活动及幼儿园环境创设中发挥着重要的作用。

一、卡通画在幼儿园教育教学活动中的应用

在幼儿园教育教学活动中,幼儿卡通画造型表现活动的设计、实施与评价,幼儿创作卡通作品及其衍生游戏活动材料的应用,可以有效地促进幼儿园美术、语言、数学等领域主题教育教学活动的开展,提高幼儿参与各区域艺术体验、技艺操作与游戏活动的积极性和主动性。

(一)卡通画在美术教育活动中的应用

在幼儿美术教育教学活动中,通过欣赏、比较典型、特色鲜明的卡通画人物作品,让幼儿了解卡通画,观察老师自画像头型、五官和发型等特征,熟悉卡通画夸张和变形的特点,设计适宜于不同年龄段幼儿参与的卡通画欣赏、操作实践及展示评价环境,促进幼儿观察、表现能力的提升,并使幼儿善于总结表现自己突出的特征、体验欣赏与创作卡通画的乐趣,通过自我展示与表现,让幼儿享受成功的快乐。

案例一:我的卡通自画像

示范视频2-4 幼儿园大班美术活动"我的卡通自画像"

教案设计:袁洪群(江苏省南通大学教育科学学院学前教育系)
执教老师:陈燕燕(江苏省南通市南川园幼儿园 大班)

设计意图

大班的幼儿已经能够掌握简单的人物造型方法,通过画卡通自画像的造型表现过程,学会观察、总结自己独特的外貌特征,用自己的绘画语言概括表现自己的形象。

活动目标

1. 了解卡通画的特点及表现手法。
2. 照镜子描述自己的面部特征,试用夸张手法画出卡通自画像,并能恰当涂色。
3. 体验创作卡通自画像的乐趣,享受成功的快乐。

活动准备

1. 教师卡通自画像PPT课件。
2. 动画片人物卡通形象图片,素描纸、油画棒、记号笔、小圆镜。
3. 幼儿带一张近期能表现喜、怒、哀、乐等夸张表情的照片。

活动过程

1. 幼儿欣赏动画片卡通形象,熟悉其特点及表现手法,教师引导幼儿大胆说出感受。
2. 对比辨识老师的卡通自画像,了解使用夸张手法表现五官及身体突出特征的方法。

▲ 图2-3-1 动画片卡通形象

▲ 图2-3-2 教师卡通自画像

3. 观察自己的脸型、五官、发型的特点,总结自己突出的特点。
   小朋友照镜子,找自己的五官特征,并相互帮助寻找各自的突出特征。
4. 自主创作"我的卡通自画像"(播放轻音乐作为活动背景)。引导幼儿运用夸张、变形的手法进行

创作。

幼儿开始自主选择区域进行"卡通自画像"的创作,教师巡回指导,指导幼儿先用记号笔单线勾画基本轮廓,给自己的卡通自画像涂上漂亮的颜色,提醒幼儿涂色时用力均匀,在线条以内涂色。教师重点引导个别能力弱的幼儿完成创作,鼓励他们大胆下笔,表现自己的突出特点。

欣赏与评价

1. 展示幼儿的卡通自画像,鼓励幼儿在同伴面前大胆介绍自己的卡通自画像。
2. 开展班级自画像展览,给自己最喜欢的自画像投票(贴上小五角星)。

活动反思

"卡通自画像"活动的重点及难点是学会夸张、变形的手法,通过观察、了解自己区别于他人的特点,初步掌握利用卡通画表现自己喜、怒、哀、乐夸张的表情,激发幼儿进行卡通画造型表现的兴趣,也锻炼幼儿的观察、记忆和表现能力。教师要善于抓住幼儿的兴趣点,引导幼儿触类旁通,在人物、动物、植物等其他美术手绘活动中逐渐提升艺术表现能力。

▲ 图 2-3-3 幼儿卡通自画像①

(二) 卡通画在语言教育活动中的应用

在幼儿眼中,花鸟鱼虫、山川树木、水果蔬菜都是有灵魂的,会说话的,创编夸张、拟人的卡通情境画,

---

① 指导教师:陈燕燕。

能吸引幼儿仔细观察,结合画面讨论故事内容,建立画面与故事内容的联系,有条理地说出故事内容,提高幼儿的语言表达能力;并能在有趣的卡通画感染下,通过表情、动作、声音传达故事的情绪情感,得到更多的体验,从而促进幼儿的全面发展。根据儿童故事情节创作卡通情境画、头饰等也是幼儿园教师必备的一项基本专业技能。(图2-3-4)

▲ 图2-3-4　儿童故事卡通情境画创编

(三) 卡通画在数学教育活动中的应用

在幼儿数学教育活动中,怎样让认数字变得有趣,让幼儿容易理解掌握,需要借助直观形象的教具,如可以设计制作卡通造型的指偶、手偶、卡通娃娃等生动可爱、易操作的玩教具应用于数学游戏活动中,对于提升幼儿数学认知能力起到良好的作用。制作卡通手偶、指偶、玩具也是师范生的专业技能。以下图例就是用不织布、布绳制作的卡通玩教具,可以有效地帮助幼儿认知、理解数学。(图2-3-5)

吴雯瑄、郁淇、黄逸文制作　　王霈、周倩、施雯制作　　陆昕乐、许诗洽制作　　王银燕、蒋淼制作

▲ 图2-3-5　卡通造型数学认知玩教具

二、卡通画在区域活动中的应用

幼儿园的区域活动围绕五大领域教育目标开展,是一种幼儿园活动形式。根据幼儿的身体、语言、认知、社会品德及审美发展需要,活动室常会设置社会体验区(包括娃娃家、商店、超市、医院、餐厅、理发店、银行等)、阅读分享区、美术创意区(包括绘画区、手工制作区、设计区)、益智操作区、建构区、科学探究区、表演区等区域。一般一个活动单元设置4—5个活动区域比较合适。为尊重幼儿自主选择、引发幼儿充分参与区域游戏,设计识别度高、富有童趣的活动区标识牌和游戏进区卡有重要价值。(图2-3-6—图2-3-8)

▲ 图 2-3-6 卡通游戏区域标识牌[①]

▲ 图 2-3-7 卡通动物进区卡[②]　　　　　　▲ 图 2-3-8 卡通水果进区卡

三、卡通画在幼儿园环境中的应用

（一）卡通画在班级主题墙中的应用

主题墙环境是根据当前或阶段性教育活动目标、内容而创设的墙面环境,由教师和幼儿共同创设,是幼儿间、师幼间、幼儿与环境间互动交流的平台。主题活动顺利展开,能帮助幼儿学会主动学习;主题活动的内容的展示,能鼓舞幼儿参与活动的信心和积极性,帮助幼儿梳理、积累在活动中获得的相关经验。幼儿通过参与主题墙的创设,提高了手脑并用和感知美、表现美、创造美的能力。卡通画在班级主题墙环境创设的运用方面具有一定价值。

"卡通王国"主题活动方案的设计,是卡通画在美术教育活动的延伸,紧紧抓住幼儿兴趣,设计相应主题活动,师幼一起将主题活动实操练习的成果设计、布置到主题墙环境中,幼儿乐在其中、身心得到全面发展,进一步理解掌握了卡通画这一有趣的绘画形式。

案例二：卡通王国

主题活动设计：袁洪群（江苏省南通大学教育科学学院学前教育系）
执教老师：陈燕燕（江苏省南通市南川园幼儿园　大班）

设计意图

秋天,有着明显的季节特征,丰收的五谷,五彩的落叶,这些都非常容易引起幼儿的兴趣,也是大自然给予我们的教育资源。"卡通自画像"美术活动的开展让幼儿对卡通画产生了浓厚的兴趣,于是结合秋天

[①] 指导教师：袁洪群。
[②] 指导教师：易嘉钰。

的主题,以秋天的自然资源为材料,并根据幼儿的兴趣设计本次主题活动"卡通王国",并设计了三个延伸活动:"秋娃娃""树叶精灵""卡通美食",并与幼儿一起用创作的作品进行主题墙的布置。

活动目标

1. 以卡通画的形式,变秋天的树叶、水果、蔬菜为秋娃娃、树叶精灵、卡通美食,让幼儿进一步掌握卡通画的绘画方法。
2. 充分利用身边的教育资源,引导培养幼儿观察、发现、探索、尝试、体验的能力。
3. 通过"卡通王国"主题墙环境创设,影响幼儿进一步体验卡通画创作的乐趣。

活动准备

1. 秋娃娃
(1) 教师准备:活动区创设。
(2) 幼儿准备:户外捡落叶的游戏经验。
(3) 材料准备:多彩的植物叶子、枯枝、剪刀、胶棒和白色卡纸。
2. 树叶精灵
(1) 教师准备:绘本《落叶跳舞》。
(2) 幼儿准备:落叶。
(3) 材料准备:丙烯马克笔、卡纸、胶棒。
3. 卡通美食
(1) 教师准备:食物卡片。
(2) 幼儿准备:关于各种各样美食的谈话经验。
(3) 材料准备:水彩笔、勾线笔以及白色画纸。

活动过程

以主题活动"卡通王国"为主线,分别设计三个延伸活动,引导幼儿逐步深入探索秋天的"卡通王国"的奥秘。

活动1 "秋娃娃" 利用季节变化特点,结合幼儿已有经验,组织幼儿外出观察秋天树叶的颜色,捡拾五彩落叶,为自己的卡通画像添加发型,利用自然资源,引导幼儿寻找自己喜欢的发型发色。孩子的积极性非常高,在绘画、粘贴树叶的过程中进一步掌握了卡通画夸张、变形的手法。(图2-3-9)

活动2 "树叶精灵" 秋娃娃卡通画制作结束后,让幼儿集思广益,想想还可以将剩余树叶变成什么,引导幼儿将树叶变形,让树叶变成"小精灵"。在"树叶精灵"的绘画过程中,让幼儿进一步掌握卡通画拟人、变形的表现方法。(图2-3-10)

▲ 图2-3-9 绘制"秋娃娃"

▲ 图2-3-10 绘制"树叶精灵"

活动3 "卡通美食" 教师引导幼儿思考，秋天除了有漂亮的树叶，也有很多水果、蔬菜，如何将这些美食也变成"小精灵"，给它们画上眼睛、手和脚，就可以制作出一幅可爱、有趣的卡通美食画。（图2-3-11）

▲ 图2-3-11 绘制"卡通美食"

活动4 "卡通王国主题墙环创" 师幼一起动手，利用墙壁、窗户、展板，用"卡通自画像""秋娃娃""树叶精灵""卡通美食"四次活动的卡通作品布置成"卡通王国"主题墙，动态呈现了幼儿探索学习、主动学习的过程，提高幼儿参与环境创设的积极性。（图2-3-12）

活动反思

本次主题活动让幼儿通过感受、学习卡通自画像夸张、变形、拟人的手法，体验绘制卡通画的乐趣。教师作为引导者、组织者、参与者，充分利用身边的教育资源，采用多种方式引导幼儿进行观察、发现、探索、尝试、体验，师幼一起布置"卡通王国"主题墙，在收获成功快乐的同时，也提高了幼儿参与活动的自信心、想象力、创造力及审美感受。

示范视频2-5
儿童卡通画作品在主题墙环境创设中的运用

▲ 图2-3-12 卡通王国主题墙环境创设①

（二）卡通画在室内环境创设中的应用

幼儿园室内空间环境创设，要力求功能与艺术的完美结合。作为环境创设形式之一的卡通画，以其生动可爱、夸张的特点，既装饰了室内空间，又满足了幼儿的视觉与触觉的发展需要。卡通画除了可以在主题墙环境创设中应用，也可以在班级室内空间、班级门牌、楼道等空间很好地应用。这样的室内环境，可以让孩子喜爱幼儿园，喜爱自己的班级。以下是卡通画在班级门牌、室内空间、门厅、楼道应用的图例。（图2-3-13、图2-3-14）

示范视频2-6
儿童卡通画作品在走廊环境创设中的运用

▲ 图2-3-13 卡通人物头像门厅过道设计布置①

▲ 图2-3-14 小朋友卡通头像楼道环境装饰②

单元小结

本单元主要内容为充分认识和了解卡通画的特点及其造型方法，通过概括、夸张、变形等手法表现事物最显著的特征，尝试使用多种表现卡通画的工具、材料、造型表现方法，逐步掌握卡通画的造型特点，进而熟悉卡通画的绘画方法，并能够灵活地将学习内容应用于幼儿园教育活动和环境创设实践，在适宜的操作实践过程中提升卡通画欣赏体验与创作应用能力。

思考与练习

1. 结合所学内容，比较卡通画与简笔画的差异，填写一下表格内容，并与同学分享心得体会。

项目	简笔画	卡通画
工具材料		
表现内容		
艺术特点		
应用范围		

2. 卡通画造型练习：选择熟悉的工具、材料和表现技法，分别画出"男孩、女孩、小羊、小鸟、花（草）丛、小蜜蜂"卡通形象，并试着剪拼组合成简单的故事情境。（作业要求：规格为A4或16开大小的纸张，其余工具、材料、技法不限）

3. 分组为幼儿园活动室设计制作以卡通画造型为主要表现形式的区域活动标识牌，利用教育见习机会，将其用于幼儿园主题教育环境中，观察、记录幼儿对各组卡通造型标识的认知、互动、应用情况。各组讨论后，由各组组长进行应用分析。

---

①② 指导教师：马火英、王霞。

第三单元 中国画

学习目标

1. 了解中国画的分类、表现形式和艺术特征。
2. 初步掌握中国画的笔法、墨法与用色方法,能够创作简单的中国画作品。
3. 能够欣赏中国画作品,增加传统文化认同感和自信心,能将所学中国画知识与技能应用于幼儿园保教活动实践。

内容结构

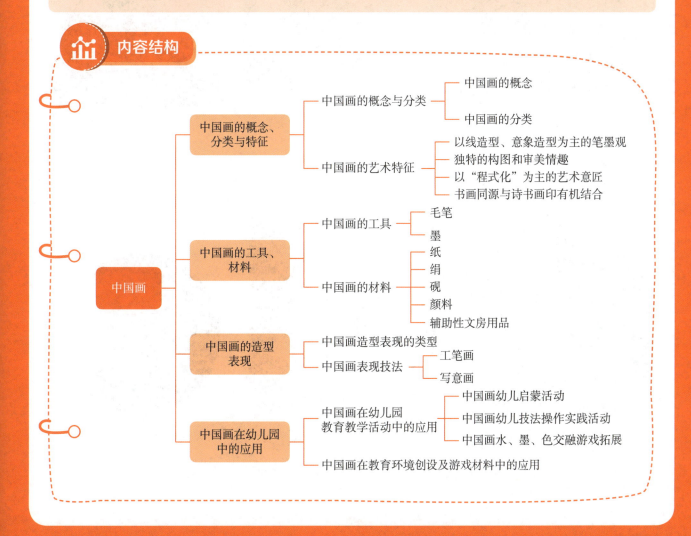

第一节 中国画的概念、分类与特征

一、中国画的概念与分类

（一）中国画的概念

中国画，泛指中国绘画，特指以中国独有的笔墨等工具、材料，按照长期形成的传统而创作的绘画形式。根据表现题材的不同，可以分为人物画、山水画、花鸟画三种类型。[1] 中国画根植于民族文化土壤之中，在长期的历史发展中形成了独特的艺术语言和审美体系。其历史悠久、源远流长，是中国文化的重要组成部分。

（二）中国画的分类

1. 根据表现题材和内容分类

中国画可以分为山水画、花鸟画、人物画三大类[2]。（图3-1-1～图3-1-3）

▲ 图3-1-1　山水画　　　　▲ 图3-1-2　花鸟画　　　　▲ 图3-1-3　人物画

2. 根据表现技法分类

中国画可以分为工笔、写意、兼工带写等类型。（图3-1-4～图3-1-6）

▲ 图3-1-4　工笔　徐建霞　　　▲ 图3-1-5　写意　　　　▲ 图3-1-6　兼工带写

---

[1] 课程教材研究开发中心编著. 普通高中课程标准实验教科书美术（选修）绘画教师教学用书[M]. 北京：人民教育出版社，2019：10.
[2] 本单元配图除注名外，作者均为常文化。

工笔画又可以分为白描、重彩和淡彩。工笔重彩多以矿物质色为主、勾勒轮廓填色的方法，有"三矾九染"之说，笔法工细，用色厚重，设色富丽堂皇、金碧辉映、装饰性强。有以石青、石绿为主的青绿山水，也有用泥金勾勒山石轮廓的金碧山水。(图3-1-7、图3-1-8)工笔淡彩多以透明植物颜料为主，用淡墨或较深的同类色晕染，用淡薄色彩渲染作为烘托，墨与色融合一体，画面明快、淡雅。淡彩多描绘花鸟或人物。

▲ 图3-1-7 青绿山水

▲ 图3-1-8 金碧山水 佚名

写意画可以分为小写意、大写意等。

此外，按照画幅大小和形状，也可分为长卷、条幅、册页、斗方、扇面等。

二、中国画的艺术特征

（一）以线造型、意象造型为主的笔墨观

以线造型为主的中国笔墨观是中国画艺术的显著特点。借助用笔提、按、顿、挫、轻、重、缓、急，或干、湿、浓、淡等技法变化，在宣纸上产生不同的点、线效果，以点、线、面的组合表现物象的形体和质感。在中国画中，线条的作用远远超出了塑造形体的功能，成为表达作者意念、感情的手段。画家通过运笔的不同处理，去追求笔墨的节奏、韵律、动态、气势、性格、意趣之美。随着时代的发展，中国画线条的品格和表现力，也在不断丰富。墨的变化其实是由用笔的变化来体现的。当然，中国画既讲笔法，也讲墨法。墨法在于用水，墨分五色即是以墨为形、以水为法的概括总结，好的中国画笔法和墨气是浑然天成的。笔画筋骨，墨晕血肉，墨随笔出，笔由墨显，笔墨间密不可分。

中国画家很早就提出了"以形写神、形神兼备"的原则，"形似"并不一定"神似"，为了更好地表达传神，形的表现可以灵活，超越具体物象的模拟、再现，强调主观的创造作用及作者情怀的抒发和流露，即强调"写意"。所谓"写意"，亦称"意象造型"，这不是简单地描绘含混不清的图像和意念，而是画家对民族、社会、时代、自然的深邃体察之总和，它借助笔墨立意为象，是一种意识、一种精神。写意是主观的，又是客观的；既是抽象的，又是具象的；既有再现客观物象的因素，又有主观情愫的动因。

（二）独特的构图和审美情趣

中国画与西洋绘画在画面构成上有一定的差异。西洋绘画造型采用固定视点观察的焦点透视，结合主观感受和处理方法表现画面；中国画画面构图形式多样且善于留白，大面积留白一方面会使艺术形象突出，使遣笔运墨构成的生动气韵得以充分体现，另一方面也是为观者留有丰富的想象余地，以达到"虚实相生，无画处皆成妙境"的目的。花鸟画作品不受时间和空间的限制，根据形式美法则和构图原理组合画面；山水画不受定点视角的制约，采用"高远"、"平远"、"深远"、"移步观景"、散点透视的方法组织画面；人物画造型遵循一定的透视原理及空间表现，在意境营造上同样具有独特的处理技巧。悠久历史和文化的长期积淀，使中国画形成独特的审美情趣，画面表现内容丰富，构图形式自由灵活、以小见大，用简略的笔

墨表现高度概括的形象,巧妙运用比、喻、兴、借等手法,表现美好寓意,使人、社会、自然成为不可分割的整体,其思想内涵和审美价值超越自然本身。如中国画题材中,表现兰竹之高洁、梅菊之傲霜雪、松柏之长青,目的都是借物喻人。(图3-1-9)

(三)以"程式化"为主的艺术意匠

所谓"程式化"是指画家在中国画长期的发展过程中为了使艺术语言更加概括,更加丰富,对形式美规律的掌握和运用,对生活长期的提炼和积淀,形成的一套相对稳定的艺术程式,是一套完整的技法体系,构成了中国画构造艺术形象不可或缺的骨架。中国画历来重法度、讲程式。它使中国画淡化了空间、纯化了形象、强化了意趣、突出了格律,使千变万化的自然物象条理化、单纯化和理想化,构成了中国画特有的形式美。中国画在表现时主张"意在笔先""外师造化,中得心源",突出"笔墨情趣",更强调"气韵生动""骨法用笔""经营位置""应物象形""随类赋彩""传移模写"等中国画独有的创作程式。先贤们不断创造的程式使中国画具有强大的生命力和表现力。

中国画的意境创造是作者结合自己的生活感受、形象思维、艺术理想,同时进行反复的艺术加工、苦心经营、呕心沥血、匠心独运才能够达到高度概括的艺术意匠。艺术家巧妙运用比、喻、兴、借等艺术手法,去表现自然、社会和人类感情关系,使丰富的想象成为中国画艺术创造的重要手段。异乎寻常的夸张和大胆的剪裁及留白,能够达到以空为有、以少胜多、以虚代实,给观者以再创造的余地。

(四)书画同源与诗书画印有机结合

中国画提倡"书画同源",重视意境的营造,唐代著名诗人兼画家王维便是中国文人画的代表,苏轼曾评价他的作品曾主张"诗中有画,画中有诗",宋、元时期的一部分画家喜欢在自己的画作上题诗言志,使强调诗书画印结合的文人画走向成熟,及至明、清以来一些画家如陈淳、徐渭、"扬州八怪"、赵之谦、吴昌硕、齐白石等名家更是将诗书画印完美结合达到巅峰。中国画诗书画印的有机结合、相互补充、交相辉映,以其独具民族文化意识的内容美和形式美,成为中国传统绘画构图、增加画面意趣的重要元素,既是文人画走向成熟的标志,也是中国传统绘画所推崇和遵循的表现规律。(图3-1-10)

▲ 图3-1-9 君子之风 赵鸣

▲ 图3-1-10 牡丹 赵鸣

第二节　中国画的工具、材料

中国画特有的绘画工具与材料是形成中国画艺术风格和意味的重要因素,因此学习中国画必须了解工具、材料及其使用方法和技巧。笔、墨、纸、砚是中国画主要的工具和材料,另外还有镇尺、画毡、笔洗、印章、印泥等辅助材料。

一、中国画的工具

(一) 毛笔

中国画用笔选用中国特有的毛笔。根据制笔原料和性能可分为硬毫、软毫和兼毫三大类。硬毫类毛笔是由狼、獾、鼠、貂、猪等的毛发制作而成,具有弹性好、吸水性不强,勾勒刚劲有力的特点。软毫笔多由羊毫制成,具有柔软、吸水性强、弹性较弱,适合写意、染色等特点。兼毫类毛笔主要由羊毫和狼毫合制而成,具有刚柔并济、软硬适中,能勾能染,宜于书画的特点。优质毛笔具有"尖、齐、圆、健"四德。"尖"指笔毫蘸墨聚拢时归于一点,毫端尖锐;"齐"是指笔锋散开时,手捏笔锋下端,锋端是齐的;"圆"指笔杆和笔肚圆;"健"指笔毫弹性好,笔锋散开、重压提起时能够快速恢复原状。

(二) 墨

中国画用墨一般是固体墨锭,分油烟墨、松烟墨两种,以细而黑为上品,用时在砚中加水研磨方可使用。油烟墨取油烟合胶制成,色乌黑发亮,呈暖黑色,用水调出的层次较丰富,是书画常用墨。墨顶端印有漆烟、顶烟、贡烟、选烟的都是油烟墨,为画家所常用。松烟墨黑而无光亮,呈冷黑色,一般书法家常用,也可用来勾染头发、须眉等。隔夜墨又称"宿墨",因胶性被破坏,暗无光泽,墨线易脱落,易脏画,一般不大面积使用,尤其是工笔画更不能用。为方便起见,师范生可选用瓶装书画墨汁,随用随取。

二、中国画的材料

(一) 纸

中国画用纸以宣纸为主,因产于宣州府(今安徽省泾县)而得名。宣纸分为生宣、熟宣及半生半熟的麻纸类宣纸。生宣吸渗水墨,能显露墨色浓淡干湿,发挥笔墨效果,多应用于写意画。常用生宣有净皮、单宣、夹宣、棉连等。熟宣在制作过程中添加明矾和胶,不渗水墨、宜于渲染,适合画工笔画,如云母笺、冰雪宣等。半生半熟的麻纸类宣纸,较生宣宜掌握,多用于兼工带写的绘画。如玉版宣、高丽纸、皮纸。按宣纸制作原料配比,可以分为棉料、净皮、特净三大类。宣纸的规格除了有三尺、四尺、六尺等多种常用尺寸外,市面上还出现了加工装裱成型的画心、半切、斗方、扇面等卡纸形式的宣纸,使用起来更加方便。

(二) 绢

绢分生绢和熟绢两种,未经胶矾处理的为生绢,渗透性强,接近皮纸效果;加胶矾处理的为熟绢,上色后不渗开,适合工笔画的细线勾勒,多层渲染。

(三) 砚

砚,即研墨用具砚台。工笔画中用墨讲究,墨汁粗糙不能用,同时要求经常洗涤不留"宿墨",用墨随用随研,故砚台为必备用品。我国有端砚、歙砚、澄泥砚等名品砚台。

(四) 颜料

中国画常用的颜料有植物性和矿物质两大类。花青、藤黄、胭脂、曙红等植物性颜料色泽透明,沉着、淡雅;石绿、石青、朱砂、朱磦、赭石、钛白等矿物质颜料色彩明亮耐久,有较强覆盖力。另外,传统中国画

美术——造型拓展与应用

▲ 图3-2-1 中国画工具材料的摆放

讲究装饰性和工艺性,因此,使用金色和银色能使画面更加丰富多彩,山水画勾金线为金碧山水,独具特色。现在市场上中国画颜料多为化工产品替代制成锡管装,调色即可使用。

(五)辅助性文房用品

常用的辅助性用品主要包括镇尺、画毡、笔洗、印章、印泥等。镇尺是为防止宣纸移动,用来压纸的用品。画毡是垫在宣纸下用以吸收作画时多余水分的羊毛毡,画毡可选择一般的羊毛画毡和替代品。笔洗是调节、清洗笔内墨色的器皿。还可准备收放毛笔用的笔帘、笔架、笔筒,胶矾以及印章、印泥等。初学者可参见图3-2-1摆放工具材料。

第三节 中国画的造型表现

唐代张彦远在《历代名画记》中记述谢赫有"气韵生动、骨法用笔、应物象形、随类赋彩、经营位置、传移模写"等六法,五代荆浩在《笔法记》提出"气、韵、思、景、笔、墨"六要,这些论述对中国画的造型艺术提出了明确的表现技巧与评价要求。

特有的作画工具和材料决定了中国画有着丰富的表现力,结合笔、墨变化多端的使用技巧,借助笔内水分控制及用笔的轻重、缓急、力度、顺逆、拖转、裹戳等,在宣纸上可表现出轻重、干湿、枯润等不同质感的线条,充分展现中国画的表现语言。可见笔与墨的有机结合在中国画学习过程中尤为重要。

一、中国画造型表现的类型

中国画的造型表现主要有线造型和没骨造型两种类型。(图3-3-1、图3-3-2)

▲ 图3-3-1 线造型

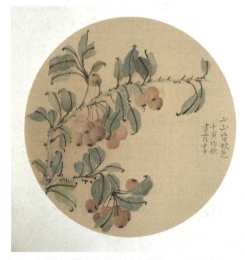

▲ 图3-3-2 没骨造型 徐建霞

线造型包括白描、工笔、小写意、兼工带写等形式;没骨造型则不需勾线,直接采用点厾、泼墨、点染等写意表现或技法造型。

二、中国画表现技法

(一)工笔画

1. 白描

白描是指用线条粗细、刚柔、疏密、曲直,墨色的浓淡变化表现物象特征的中国画技法之一,也是工笔画乃至中国画的造型基础。

(1)用笔。中国画讲究用笔的执笔方法与运笔程序。执笔时要做到指实掌虚、立掌平腕。在起笔、行笔、收笔的运笔过程中,通过控制笔锋的正侧、提按、藏露、顺逆、顿挫、圆转、折翻等多种用笔技巧,形成不同形态、质感的线条。古人以"十八描"概括中国画丰富的造型用线表现技艺,概括起来可以分为"实起实收、实起虚收、虚起实收、虚起虚收"等四类线型。(图3-3-3)

(2)用墨。白描用墨浓淡区别不宜过大,描绘时应根据物象颜色深浅确定墨色浓淡,物象颜色较浅用淡墨,颜色深的用浓墨。(图3-3-4)

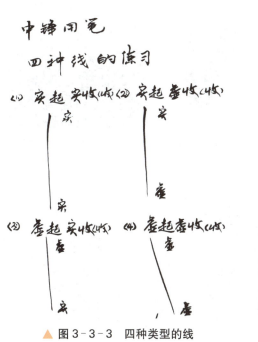

▲ 图3-3-3 四种类型的线

▲ 图3-3-4 白描

示范视频3-1
白描(1—3)

2. 工笔画设色

工笔画设色是用清水笔将颜色晕染出深浅色阶变化,设色关键与笔内水分多少及调色时间长短密切相关,染色时清水笔内水分要适中,色笔水色饱满。为节约设色时间,应学会一手执水、色两支笔的"十字交叉"执笔法。(图3-3-5)

工笔画设色常用的技法有分染、接染、统染、罩染、提染等,(图3-3-6~图3-3-11)还可以尝试使用撒盐、注水、施胶、拓印等特殊技法制作肌理效果。(图3-3-12~图3-3-14)

▲ 图3-3-5 "十字交叉"执笔法

▲ 图3-3-6 分染、提染、皴染法

▲ 图3-3-7 提染、掏染法

▲ 图3-3-8 分染、烘染、皴染

▲ 图3-3-9 罩染（平涂）

▲ 图3-3-10 高染、晕染、渍染

▲ 图3-3-11 提染、高染、渍染、统染等

▲ 图3-3-12 撒盐

▲ 图3-3-13 注水、注色

▲ 图3-3-14 洒胶矾

示范视频 3-2
工笔花鸟画的染色技法示范
（1—13）

下面，以牡丹画法和仕女画法来具体说明工笔画设色。

工笔画表现技法一 牡丹画法（图3-3-15）

步骤一：白描线稿。调重、中、淡三种不同墨色，勾勒牡丹花、叶、茎柄线条，浅色花用淡墨、颜色较重的花瓣用重墨勾线，木本枝干则用中墨枯笔勾勒造型。

步骤二：淡墨平涂。使用淡墨或浅灰色平涂背景或大面积物象，烘染画面整体色彩关系。

步骤三：墨色分染。使用淡曙红色多次分染花瓣、淡墨或重花青色多次分染叶片，增加花瓣、叶片体感与前后虚实关系。

步骤四：深入晕染。用接染、掏染、分染、罩染等晕染技法，进一步丰富花瓣和枝叶的色彩、质感与层次。最后使用淡汁绿平涂或罩染整体画面、协调色彩基调。

步骤五：墨色提醒。使用略深色彩或墨提染、复勾重要部分线条，乳状白色细勾花丝，粉黄、沥粉点花蕊，使画面层次更加清晰，花头更加娇艳。

步骤六:题款钤印。使用楷、隶书体在画面适宜位置落款题字、加盖印章,使书画相得益彰,增强工笔花卉文化内涵。

步骤一:白描线稿　　　　步骤二:淡墨平涂　　　　步骤三:墨色分染

步骤四:深入晕染　　　　步骤五:墨色提醒　　　　步骤六:题款钤印

▲ 图3-3-15　工笔牡丹画法

工笔画表现技法二　仕女画法(图3-3-16)

步骤一:白描线稿。使用淡墨或淡赭红勾勒人物皮肤轮廓、花瓣和白色领口,稍重墨勾上眼睑、头发和红色衣服,中墨勾勒花叶和枝条线条。

步骤二:分染平涂。用淡墨依发型结构多次分染,调汁状肤色平涂面部及手臂,叶片正反面分别以淡花青及浅草绿平涂,以朱砂、曙红平涂,胭脂分染衣服。

步骤三:深入晕染。调和相应色彩,以分染、平涂、接染、罩染等技法,对头发、衣服、肤色、折枝花卉进行深入刻画,分出主次及色彩变化,最后用稍淡花青色统染头发、正面叶片等处,提醒相关轮廓用线,调整画面整体关系,使画面效果协调、雅致。

步骤四:题款钤印。以工整细致的书法字体书写落款文字,并加盖印章,完善工笔人物画创作内涵。

步骤一:白描线稿　　步骤二:分染平涂　　步骤三:深入晕染　　步骤四:题款钤印

▲ 图3-3-16　工笔仕女画法

(二) 写意画
1. 写意画的表现技法

笔法 相对工笔画笔法而言,写意画线条、墨色变化更为复杂,与行笔过程中的提按、快慢等用笔方法及笔内水分多少等因素相关。常见用笔方法有中锋、侧锋、散锋、颤笔、拖笔、点厾、皴擦等。初学可从中锋用笔练习画曲直、放射线开始,依次进行线造型单项练习、藤类练习、综合练习。(图3-3-17)

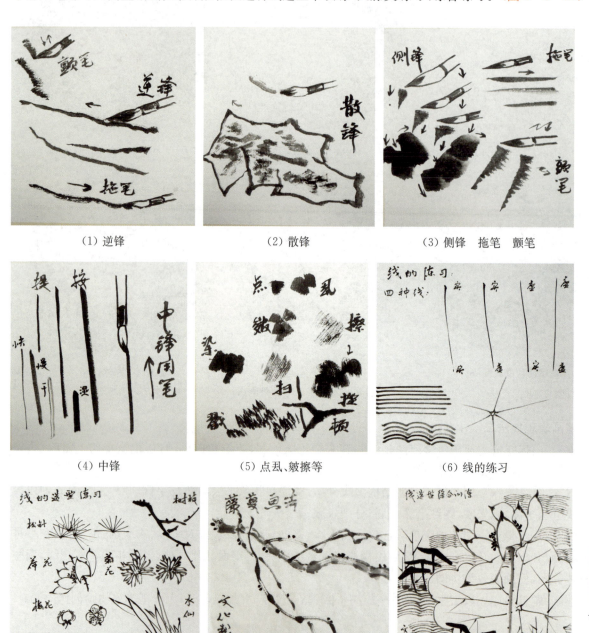

(1) 逆锋　　(2) 散锋　　(3) 侧锋 拖笔 颤笔

(4) 中锋　　(5) 点厾、皴擦等　　(6) 线的练习

(7) 线造型单项练习　　(8) 线造型藤类练习　　(9) 线造型综合练习

▲ 图3-3-17 线条用笔造型练习

示范视频3-3 线造型训练(1-5)

墨法 墨法是中国画特有的绘画语言,古人说"墨分五色",指焦、浓、重、淡、清或浓、淡、干、湿、黑等墨色的丰富变化,亦可以分为"浓、淡、干、湿、黑、白"等六彩墨色变化。① 在水墨写意作画过程中常用的墨法有蘸墨法、泼墨法、破墨法、积墨法等。(图3-3-18)

---

① 课程教材研究开发中心编著. 普通高中课程标准实验教科书美术(选修)绘画教师教学用书[M]. 北京:人民教育出版社,2019:33.

第三单元 中国画

示范视频 3-4
中国画墨法演示
（1—3）

五墨　　　　　　　　　　　六彩

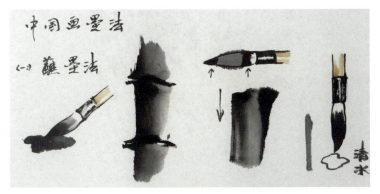

蘸墨法　　　　　　　　　　泼墨法

破墨法　　　　　　　　　　积墨法

▲ 图 3-3-18 墨法

水法　写意画在讲究笔墨的同时，也关注用水的方法。笔墨特性的发挥，主要是依靠水调和墨色变化，通过水墨交融、自然渗化或各种笔墨技法表现，产生奇妙墨迹、墨色渐变或肌理效果。（图 3-3-19）

水法　刘馨茗　　　　　　　水法　书萌

▲ 图 3-3-19 水法

061

设色法 中国画的色彩调配也是以水为媒,通过毛笔各部位水色调和揉掺,调出渐变或混合色彩变化。写意画的表现技法主要包括点染、勾勒、泼墨、破彩、破墨、没骨等,如下图所示。(图 3-3-20—图 3-3-25)

▲ 图 3-3-20 点染法 徐建霞

▲ 图 3-3-21 勾勒法

▲ 图 3-3-22 破彩法

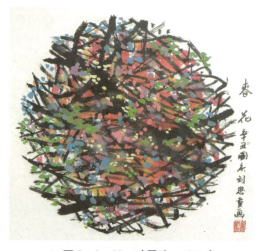
▲ 图 3-3-23 破墨法 刘思童

▲ 图 3-3-24 没骨法 徐建霞

▲ 图 3-3-25 泼墨法

2. 写意画的表现

花卉类写意表现以梅花、芭蕉、荷花为例进行说明。

梅与兰、竹、菊一起并称为"四君子",与松、竹并称为"岁寒三友"。梅的画法包括梅的枝干和梅花的画法。

梅的枝干可采用墨写、双勾两种画法,需要注意树枝的生长及穿插、争让关系;梅花的画法常用勾勒和点丑两种(图3-3-26)。可参见下面红梅、白梅画法(图3-3-27、图3-3-28)。

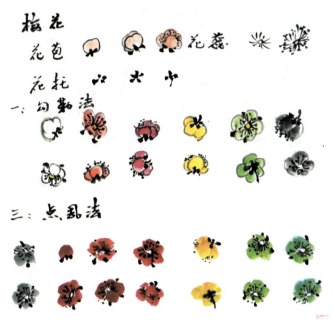

▲ 图3-3-26 梅花花头画法

写意画表现技法一　红梅画法

步骤一:墨写枝干。用大毛笔重墨侧锋画老干,骨法用笔、粗笔勾写主枝,顺势画出较细枝梢。

步骤二:点丑画梅。大白云笔调朱砂或大红,笔尖蘸曙红或胭脂色,用点丑法画出花瓣。

步骤三:勾丝点蕊。小狼毫蘸胭脂墨勾花丝和花蕊,点出花托或苔点。

步骤四:落款钤印。在合适位置题写作品名称、款识,加盖印章。

示范视频3-5
两种梅花的画法
(1—2)

步骤一:墨写枝干　　步骤二:点丑画梅　　步骤三:勾丝点蕊　　步骤四:题款钤印

▲ 图3-3-27 红梅画法步骤

写意画表现技法二　白梅画法

步骤一:双勾枝干。重墨散锋双勾老干,中、侧、散锋结合勾写主枝、较细枝梢。

步骤二:勾画梅花。用淡墨在树枝上勾画不同角度的梅花。

步骤三:勾丝点蕊。用小狼毫重墨勾花丝、花蕊,点花托、花蕾,或用浅草绿点染花心、勾染花瓣轮廓。
步骤四:落款钤印。在合适位置题写作品名称、款识,加盖印章。

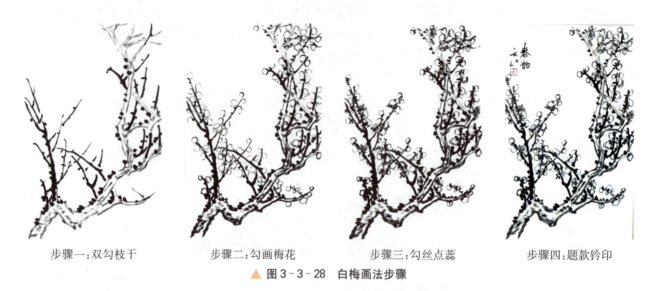

步骤一:双勾枝干　　步骤二:勾画梅花　　步骤三:勾丝点蕊　　步骤四:题款钤印

▲ 图3-3-28　白梅画法步骤

写意画表现技法三　芭蕉画法

芭蕉为多年生草本植物,叶子宽大、叶脉平行,植于庭前屋后,掩映成趣,彰显清雅秀丽之姿,寓意"家业兴旺",是文人画常见表现题材。其表现重点是蕉叶,既可以先用中锋淡墨画出叶柄、侧锋浓淡墨点厾画出叶片、半干重墨勾出叶筋;也可以用线描勾出叶形、墨色点染叶片,再用赭墨勾画叶片边缘。(图3-3-29)

步骤一:淡墨画叶柄　　步骤二:侧锋点厾画叶片　　步骤三:半干重墨勾叶筋

示范视频3-6
芭蕉叶画法

步骤一:淡墨线描勾叶形
步骤二:花青色点染
步骤三:赭墨勾画叶片边缘

▲ 图3-3-29　芭蕉画法步骤

写意画表现技法四　荷花画法

荷花具有"中通外直,不蔓不枝,出淤泥而不染"的高尚品格,历来为文人墨客咏颂、绘画的题材之一。荷花画法有勾勒法和没骨法两种。先用实入虚出的线条勾勒花瓣,再进行染色勾筋;用浓淡相间的重墨泼写荷叶,用中锋或拖笔画荷梗,用重墨点虱苔点。(图3-3-30～图3-3-32)

示范视频3-7 三种荷花画法

步骤一:中锋线描勾花、点莲蓬

步骤二:勾花筋、中锋画荷梗

步骤三:染色、点蕊

▲ 图3-3-30　勾勒法画荷

步骤一:侧锋调色画瓣

步骤二:勾花筋、画荷梗

步骤三:浓墨点蕊

▲ 图3-3-31　没骨法画荷

步骤一:中锋勾花瓣花筋

步骤二:侧锋浓淡墨画荷叶、重墨勾荷梗

步骤三:染色勾筋添画点景、题款钤印

▲ 图3-3-32　映日荷花画法

藤蔓类植物写意画常见表现内容有葫芦、牵牛花、凌霄、葡萄等，现以葫芦画法为例进行说明。

写意画表现技法五　葫芦画法

葫芦是一年生草本爬藤植物，与"福禄"同音，藤蔓绵延、结子繁盛，有富贵长寿、吉祥美好的寓意。（图3-3-33）

步骤一：用大白云笔调藤黄、笔尖蘸赭石调成赭黄色画出上细下圆的葫芦形状，也可用三绿调花青画出绿葫芦。

步骤二：大笔侧锋画出浓淡、干湿变化的几组叶子。

步骤三：叶片墨色半干时，浓墨勾叶筋，以长锋笔散锋勾勒出藤蔓，应注意线条用笔及墨色的多种变化。

步骤四：浓墨点苔，适当添画调整，题款钤印完成。

步骤一：调色画葫芦　　步骤二：侧锋浓淡墨点叶　　步骤三：勾画藤蔓叶筋　　步骤四：题款钤印

▲ 图3-3-33　葫芦画法步骤

蔬果类写意表现以白菜和枇杷为例进行说明。

写意画表现技法六　白菜画法

白菜，叶青帮白，象征清清白白，寓意"百财"、财运不断，是中国画常见表现题材。（图3-3-34～图3-3-36）

步骤一：用中锋淡墨以虚进虚出线条画出菜帮结构。

步骤二：以大毛笔调浓淡墨用侧锋点虱法画出菜叶，注意用笔方向及墨色浓淡、干湿变化。调赭墨写菜根、浓墨散锋画根须，顺菜叶走势以弧线勾出叶筋。

步骤三：适当添加陪衬物，题款钤印。

步骤一：中锋勾菜帮　　步骤二：浓淡墨画菜叶勾叶筋　　步骤三：添画陪衬、题款钤印

▲ 图3-3-34　白菜画法

▲ 图3-3-35 《清白传世》

▲ 图3-3-36 《美味》

写意画表现技法七　枇杷画法

枇杷被称作"备四时之气"的佳果、吉祥食物。（图3-3-37）

步骤一：淡墨侧锋画主干，重墨中、侧锋并用画出细枝，以藤黄调赭石或朱磦直接点画枇杷果。

步骤二：用蘸墨法调浓淡墨或花青墨以侧锋分组画出枇杷叶，注意枝干穿插、走势和叶子间遮挡关系及布局处理。

步骤三：半干时，浓墨勾叶筋，重墨点果荠，干笔画果柄，以赭黄画出点景飞雀。

步骤四：重墨点画飞雀嘴、羽、尾，题款钤印。

步骤一：出枝点果

步骤二：侧锋墨色画叶

步骤三：勾筋点荠画雀

步骤四：点羽题款钤印

▲ 图3-3-37　枇杷画法步骤

蔬果类题材入画的很多，可参照图3-3-38练习其他蔬果画法。

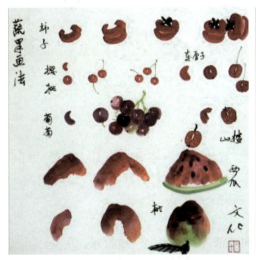
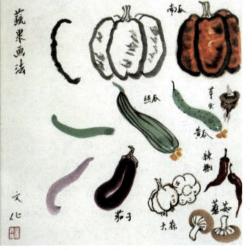

▲ 图3-3-38　蔬果画法

动物类写意表现以麻雀、金鱼、螃蟹为例进行说明。

写意画表现技法八　麻雀画法

麻雀在禽鸟类动物中极为普通，体型较小、其貌不扬，在中国写意画作品中常用来增加画面动感。（图 3-3-39）

示范视频 3-11
麻雀画法

步骤一：用墨色点画头、背、羽。大白云笔调赭墨，点出麻雀头、背及双翅覆羽。淡赭墨画出尾羽。

步骤二：用重墨勾画出麻雀的眼睛、嘴，点出颔下、脸上及背上的黑色斑点。浓墨画出麻雀飞羽，用笔要活。

步骤三：用散锋淡墨画出麻雀脖颈的羽毛，调淡墨虚笔画出麻雀的腹部和腰部羽毛。

步骤四：用白色点染麻雀脸部，浓墨或赭红色画出鸟爪。

步骤一　墨色点画头、背、羽

步骤二　勾画嘴背飞羽

步骤三　勾画胸腹

步骤四　染脸画爪

▲ 图 3-3-39　麻雀画法步骤

写意画表现技法九　金鱼画法

金鱼是水族动物类观赏鱼的一种，寓意"金玉满堂、连年有余"，有红、橙、紫、蓝、墨、银白、五花等颜色，色彩绚丽、身姿优美。金鱼画法步骤见图 3-3-40，其他鱼虾类画法与此相近。（图 3-3-41）

步骤一：白云笔调朱磦至笔腹，笔尖蘸曙红、胭脂，画出金鱼的头、背、腰部。

步骤二：画出眼眶，顺势侧锋画出金鱼的腹部。

步骤三：接腰部侧锋画鱼尾，用笔宜活。画出鱼鳍，除背部外其他四个鱼鳍勿靠近鱼身。

步骤四：用余色蘸清水，虚笔画出鱼眼，点出鱼嘴，稍停后中墨点鱼眼。

示范视频 3-11
金鱼画法

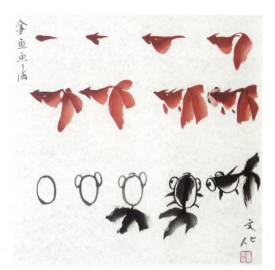

▲ 图 3-3-40　金鱼画法步骤图

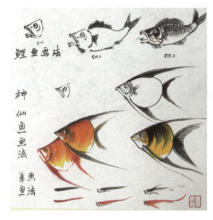

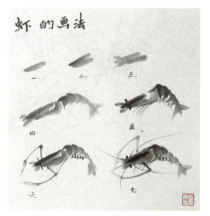

▲ 图 3-3-41　其他鱼虾画法

写意画表现技法十　螃蟹画法

螃蟹是水生甲壳类动物,也是常见写意画表现题材。(图 3-3-42)

步骤一:用大白云调浓淡墨,侧锋三笔画蟹背,顺势画出蟹螯。

步骤二:调中墨笔尖蘸清水,在螃蟹身体两侧画出四对足,浓墨点螃蟹的眼睛。

步骤三:反面螃蟹用中锋淡墨勾蟹腹部,依次画蟹螯、足及眼睛。

画彩色螃蟹可用朱磦调赭石,再调入少许曙红色,笔尖蘸胭脂色,用笔方法同水墨螃蟹画法。

示范视频 3-12
螃蟹画法

▲ 图 3-3-42　螃蟹画法

3. 花鸟画配景

在写意花鸟画作品中除主体形象外，石头、土坡、昆虫之类的配景形象，也是画面重要的组成部分。坡石画法与山水画法一致，应遵循藏、露规律。可用中墨散锋，将勾勒、皴擦、点染等笔法结合画出石分三面的基本型，浓墨点苔，干后点染淡赭墨或淡花青墨色。(图3-3-43)也可以根据画面需要添加蝉、蝴蝶等昆虫类配景形象，做点睛之笔，增添生机、灵动氛围。(图3-3-44)

▲ 图3-3-43 花鸟画的配景坡、石画法

▲ 图3-3-44 花鸟画的配景昆虫画法

4. 中国画的题款和印章

题款和印章是中国画画面构成的一部分，题款可长可短，书体要和画风一致。题指画面诗、文、辞及画题；款常写作画时间、地点、斋堂馆号、画者姓名等。工笔画的题多以楷、隶、篆书为之，款多用行楷；写意画的题多以行、篆、隶书为主，款多用行书。一般"题"略大于"款"，"款"略低于"题"。题款形式多样，一般自上而下竖写，行间排列自右而左。纵行排列时遵循上齐下不齐的原理。印章风格与作品保持一致，其大小一般小于款。

附：师范生中国画习作（图3-3-45～图3-3-53）

▲ 图3-3-45 《年华》 高静姝

▲ 图3-3-46 《王者》 高梦

▲ 图3-3-47 《大吉》 张欣雨

▲ 图3-3-48 《君子之风》 田霞

▲ 图3-3-49 《春华秋实》
朱恒宇

▲ 图3-3-50 《春江泛舟图》 张怡佳

▲ 图3-3-51 《山水》 王子默

▲ 图 3-3-52 《春正浓》 周丛宁

▲ 图 3-3-53 《鱼儿乐》 吴莹莹

第四节　中国画在幼儿园中的应用

中国画蕴含着丰富的民族艺术语言,体现了中国传统文化与东方审美境界的统一。加强学前教育专业师范生中国传统绘画知识与技法学习,是厚植中华文化基因、传承优秀民族艺术,为在幼儿园营造中国传统文化艺术教育氛围,对幼儿进行润德启智、体验传统艺术和开展创意游戏活动的重要途径,对幼儿传统艺术审美启蒙有着积极作用。

一、中国画在幼儿园教育教学活动中的应用

幼儿园教师开展中国画教学活动,首先需遵循3—6岁幼儿学习与认知发展的规律,选定符合幼儿年龄段特点的教学内容,准确合理地把握教学难易程度,循序渐进地提升幼儿中国画技能,同时重视幼儿绘画兴趣与信心的培养。具体而言,小班幼儿的认知与绘画水平相对较低,活动应以水墨画体验为主,选择幼儿容易接受的内容进行。如:事物简单造型(图3-4-1中的草莓)、水墨实验游戏或趣味性强、与中国画相关的拓展性内容。中班幼儿的认知水平与绘画水平得到一定程度的提高,能够在教师的启发和指导下找出事物的特征及规律,观察能力显著提高。这一阶段,教师可以适当增加教学难度,重视引导幼儿观察思考。(图3-4-2、图3-4-3)大班幼儿具备较强的观察、模仿和造型能力,教师可以选择具有一定难度的教学内容,进一步提升幼儿的绘画技能。(图3-4-4)教师在绘画教学过程中也可以引导幼儿完成主题性绘画。(图3-4-5)

▲ 图 3-4-1　草莓

▲ 图 3-4-2　螃蟹

▲ 图 3-4-3　玉米与香菇

▲ 图3-4-4 葫芦

▲ 图3-4-5 小白兔吃胡萝卜

（一）中国画幼儿启蒙活动

针对幼儿的中国画教学内容选择，应基于幼儿的兴趣，遵循由易到难的原则，从造型相对简单的事物入手，如饼干、水果、气球、花、伞、水母、七星瓢虫、小蝌蚪、毛毛虫及一些水墨游戏等幼儿感兴趣的教学内容。引导幼儿认识和体验水墨游戏，学会使用中国画工具、材料，熟悉其用法，感受用笔的浓淡、干湿变化，激发幼儿的绘画兴趣。

教师还可以带领幼儿玩认识墨与纸的游戏，通过游戏体验过程，引导幼儿感受水墨相融的乐趣，体验不同墨汁形态遇到宣纸后所留下的神奇效果。教师在准备好的一盆水中滴一滴墨汁，用毛笔搅动一下，将生宣纸放在水上，让幼儿观察墨在纸上自然形成的图案，引导幼儿对图案展开想象；然后教师将熟宣纸放入水中，请幼儿观察这两张被放入水中的纸会产生哪些不同变化。幼儿可在教师的指导下体验操作过程，感受墨与宣纸接触后所产生的奇妙效果，以认识生、熟宣纸的差异。（图3-4-6）

▲ 图3-4-6 水墨游戏

■ 艺术领域　幼儿园活动案例分享

神奇的水墨

执教老师：席胜男（聊城幼儿师范学校附属幼儿园　小二班）

设计意图

幼儿美术活动是一个发现美、观察美、感受美及创造美的过程，幼儿对新鲜事物、情境和新问题有浓厚的兴趣，在一次雨天的户外活动中幼儿的表现印证了这几点。根据小二班幼儿的年龄与心理特点，设计了这次美术体验活动——"神奇的水墨"。

活动目标

1. 引导幼儿辨识朱红、花青、藤黄等国画颜色，并能够说出其基本色相。
2. 提高幼儿对水墨色彩的兴趣，感受水墨及颜色滴染在宣纸上的韵味。
3. 引导幼儿大胆参与操作，并能用自己的艺术、肢体等语言进行表述。

活动准备

1. 材料准备：装有浓墨及淡墨、国画颜料的滴管若干瓶、清水盆人手1个、毛笔人手1支、生宣纸若干、熟宣纸若干。
2. 环境准备：大屏展示降雨过程视频、播放不同降雨音效营造雨天氛围。

活动过程

1. 生活情境导入

教师引导幼儿观察下雨天(视频),倾听雨滴落在不同物象上的声音,说出自己的感受。

教师:大森林里下雨了,滴答、滴答,雨点落在哪里了?

幼儿:……

教师:嗯,雨点落在……上,还落在我们的滴管里(拿出滴管教具),我们滴管里有各种颜色的雨滴,我们一起来玩水墨变形游戏吧……

2. 水墨、颜料滴染操作游戏

引导幼儿用滴管将墨汁、颜料点在清水里、生宣纸上,鼓励幼儿大胆进行操作实践,并说出观察到的现象。体验水墨或颜料与水交融产生的奇妙效果。

3. 教师引导幼儿观察、发现和讨论

墨汁滴在清水里,用毛笔轻轻搅动,覆上生宣和熟宣后自然形成的形象有何不同?

浓淡墨以及藤黄、花青、朱红等颜料滴在生熟宣纸上,有什么神奇的现象出现?

幼儿边操作边进行游戏实践,并用自己的语言表述感受……体验墨色入水产生的丰富的层次变化、生熟宣纸的晕染效果。

4. 活动分析与反思

"神奇的水墨"主题能引发幼儿对中国画材料的探索兴趣,对水墨、水色调和以及覆上生熟宣纸自然渗化奇妙现象的探索。活动过程生动、有趣,富于启发性、探究性。

小班幼儿已能够对感兴趣的事物保持较强的专注力,本活动注重对幼儿进行国画兴趣启蒙及主动参与活动的引导,利于开阔幼儿艺术视野,培养幼儿主动参与实践的能力。

▲ 图3-4-7 水墨游戏1

▲ 图3-4-8 水墨游戏2

(二)中国画幼儿技法操作实践活动

小蝌蚪与睡莲

了解圆形物运笔及浓破淡技法,掌握小蝌蚪画法,有意识地控制笔中水分,感受干湿变化。用笔蘸浓墨左、右各一笔画出小圆,中锋画出波浪形小尾巴;用花青、藤黄调草绿色画莲叶,再调少量墨变成深绿色,将笔按下,左、右各一笔画成大圆,小笔蘸浓墨画莲叶筋,状如小太阳。(图3-4-9、图3-4-10)

▲ 图3-4-9 小蝌蚪与睡莲绘画步骤图　　▲ 图3-4-10 小蝌蚪与睡莲

小鸭子画法

用墨点出眼睛,藤黄调朱磦以眼睛为中心画个圈圈是鸭头,头下铺毫弯线是胸腹,头后弯线画出背,头上画嘴,身上画翅和尾。(图3-4-11、图3-4-12)

▲ 图3-4-11 小鸭子绘画步骤图　　　　　　　　▲ 图3-4-12 《池塘里的小鸭子》

小鱼画法

中锋由重到轻拖出,两个墨点是眼睛,小圆圈是嘴巴,身下弧线是鱼腹,画上鱼鳍和尾巴。(图3-4-13、图3-4-14)

▲ 图3-4-13 小鱼绘画步骤图　　　　　　　　▲ 图3-4-14 《水缸中的小鱼》

（三）中国画水、墨、色交融游戏拓展

基于幼儿年龄特点和学习特点,小班可开展水、墨、色交融的游戏。幼儿分别蘸取多种颜料滴在熟宣纸或者水彩纸上,通过抖动、倾斜纸张以及用嘴吹颜料的方法来使颜料混合在一起,感受颜料相互交融的过程。(图3-4-15)以棉签代替毛笔,通过点彩或涂彩的方法,可以在生宣、熟宣或水彩纸上尝试有趣的水墨创意绘画。(图3-4-16、图3-4-17)在手的不同部位涂上颜色,然后分别在生宣纸上拓印,并根据需要接着加以描绘,可以形成各种有趣的创意手印画。(图3-4-18)

▲ 图3-4-15 水墨色交融的游戏　　▲ 图3-4-16 棉签点彩画　　▲ 图3-4-17 棉签涂彩画

▲ 图 3-4-18 《有趣的虾》步骤图

二、中国画在教育环境创设及游戏材料中的应用

近年来,中国画教育活动在幼儿园越来越受重视。可以用幼儿水墨作品和游戏探索材料进行环境创设,以营造符合幼儿特点、浓厚的中国文化学习氛围。(图 3-4-19)

▲ 图 3-4-19 幼儿园里的国画作品展示

以中国画布置主题墙,可在一定程度上使幼儿得到传统文化熏陶,增加对中国传统绘画形式的理解。如:教师可绘制以四季、十二生肖、二十四节气为主题的中国画布置主题墙,临摹绘制国画大师作品悬挂于幼儿园的不同活动空间墙面,在幼儿艺术创意活动区配置丰富的中国画操作材料,使幼儿了解中国传统习俗、生肖文化及其他中国画表现题材的内涵和表现技法;也可以利用国画技法进行绘本创意设计与制作,展示于班级阅读区角,营造充满童趣的传统文化氛围,增强幼儿对中国传统绘画的关注兴趣。

单元小结

本单元学习了中国画的概念、分类、艺术特征以及工具、材料的运用,使师范生对中国画有了初步了解,进而通过工笔画和写意画的示范和练习,基本上掌握了中国画的笔法、墨法及水的应用。在此基础上,能够把水墨画技法运用到幼儿园教学和环境创设之中。使师范生在优秀传统文化氛围中,厚植民族文化基因,增强文化自信。

思考与练习

1. 谈谈你对中国画的了解和认识。
2. "五彩"指什么?

3. 以名家中国画作品为对象,感受中国画的艺术魅力,并写一份作品欣赏心得。
4. 在教师的指导下临摹课本所示图例,掌握几种常见花鸟画的表现方法。
5. 从下列题材中任选一项或多项,根据你对写意画知识的掌握及对生活的理解进行艺术创作。作业规格:四尺斗方、四尺三裁。

梅花	芭蕉	牵牛花	葡萄	麻雀	小鱼
荷花	葫芦	凌霄花	白菜	金鱼	蝴蝶

6. 根据工笔画的绘画方法及要求,临摹一幅以牡丹花为题材的工笔画,绘画作品大小不限。
7. 以中国画或中国画元素为主,编制一个幼儿园或活动室教育环境创设方案。

第四单元　版　画

学习目标

1. 知道版画的概念、特点及其种类。
2. 初步掌握常见版画的艺术特征和表现技法。
3. 能够将所掌握的版画知识和技能运用到幼儿园保教实践。

内容结构

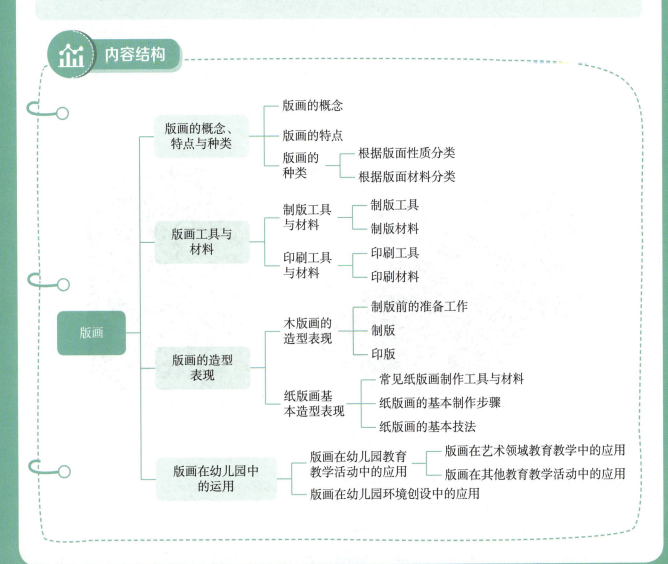

第一节　版画的概念、特点与种类

▲ 图4-1-1　木刻版画《鲁迅像》　赵延年

鲁迅讲："镂像于木，印之素纸，以行远而及众，盖实始于中国。"版画是造型艺术宝库中重要的组成部分，有着悠久的历史，与人们的生活息息相关。版画在其技艺传承发展过程中，不断契合各时代制版材料、雕刻工艺、拓印技术等特色，通过制版、拓印等造型工序，集绘画、雕刻、印刷于一体，以其质朴厚重、简洁纯粹、媒材多样的艺术语言在造型艺术领域独树一帜。

一、版画的概念

版画，是用刀或笔在木板、铜板、石板等板面上雕刻或蚀刻后印刷出来的图画。[①] 是绘画和印刷工艺相结合而产生的一种造型艺术，通过各种制版方法和印刷手段完成的艺术作品。

二、版画的特点

版画具有手工性、间接性、印痕性、复数性、简洁概括等特点。

版画创作者以手工操作的方法，通过对不同制版、拓印材料的选择与探索，雕刻工艺、印刷技术等的技艺传承，展现其精湛独特的艺术创作意图及表现技巧。竹、木、玉、石等版画制版材料不同材质独具的天然肌理质感、雕刻剔平等手工刻版技艺所呈现的金石意味、传拓拓印工艺呈现出的印刷痕迹艺术效果，也是有别于其他独幅绘画或复数性印刷品的一种独特的视觉艺术表现形式。（图4-1-2）

版画创作材料的丰富性、形象表达的概括性、表现技巧的多样性、表现效果的奇妙性，容易激发学习者的好奇心和参与兴趣，体验不同材料、工艺带来的奇妙印迹艺术。（图4-1-3）

▲ 图4-1-2　木版画　刘彤

▲ 图4-1-3　幼儿版画　吴晓晓

三、版画的种类

版画的种类多种多样，各类版画都有自己独特的韵味。根据版面性质和版面材料的差异，可以分为

[①] 李允经. 中国现代版画史（1930—2000）[M]. 长沙：湖南美术出版社，2017：7.

不同的种类。

(一) 根据版面性质分类

根据版面性质的不同,可以分为凹版、凸版、平版、孔版四个版种。

凹版是采用阴刻、压划等方法将图文形象刻掉,保留空白部分,印后形象为白纹的版画制版形式,如常见的篆刻白文印章、吹塑纸版画等。

凸版(图4-1-4)与凹版相反,图文形象凸起高于空白版面,覆纸印后形象为凸起部分,亦称阳文,传统木版年画、篆刻红文印章均属此类。

平版是图文部分及留白版面几乎在同一水平面上的版画形式,如油水或水色分离的玻璃版画。

孔版是以丝网为版材,运用漏版印刷技艺完成的版画,最初应用于纺织印染,民间传统蓝印花布的制作就是依托漏版技艺发展而来。

▲ 图4-1-4　凸版画　尹甜甜

(二) 根据版面材料分类

根据版面材料的不同,可以分为木版画、纸版画、实物版画、石膏版画等多种类型。

1. 木版画

木版画(图4-1-5)选用梨木、白果木等质地坚实、密度高、硬度强、不易变形的木质板材,以刻刀、凿子等工具纯手工刻制完成,具有苍劲古朴、肌理丰富的艺术特点。

▲ 图4-1-5　木版画《麒麟送子》
　　　　　尹甜甜　于诗瑞

▲ 图4-1-6　纸版画　高文欣

2. 纸版画

纸版画(图4-1-6)以各类质感、厚度不同的纸张为制版材料,通过剪刻、手揉、拼贴组合、拓印等方法制作而成,材料易得、操作简便。

3. 实物版画

实物版画(图4-1-7)是选用生活中常见的植物秸秆、果壳、麻布、线绳、硬币等自然或人工制品,巧妙利用实物材料表面凹凸肌理特征印制版画。

4. 石膏版画

石膏版画(图4-1-8)是将石膏、锌氧粉混合平涂于硬纸板上晾干后在其表面进行刻制,印刷版画,相对其他版画材料更易操作,常用于独幅版画的刻制。

▲ 图4-1-7　树叶实物拓印画　吕大军

▲ 图4-1-8　石膏版画《仕女》　于诗瑞

第二节　版画工具与材料

版画作品的印制效果与制版、印刷工艺所采用的工具、材料特性是分不开的，只有选择适宜的制版和印刷工具、材料，熟练掌握其特性与使用技巧，才能帮助创作者呈现版画独特的艺术魅力。

一、制版工具与材料

（一）制版工具

常用制版工具主要有刻刀和刻针。(图4-2-1、图4-2-2)刻刀适用于木版画及石膏版画的刻制，分为铲切、剔除面积较大的平口、圆口刀，刻制细小阳线的斜口刀，适合刻制阴线的三角刀等；刻针或称尖笔，是可以在质地较为坚硬的金属板上直接进行刻画的细尖刻具；在蚀刻中，刻针只适用于画蚀刻底子，蚀刻针的外形多种多样，也可以自制。

▲ 图4-2-1　刻刀

▲ 图4-2-2　刻针

（二）制版材料

常见的版画制版材料包括木板、石膏板、铜板、丝网、石板等。木质板材中纹理细密、板面平整光洁的梨木、枣木、椴木、柳木及加工的三合板、五合板等都可以用于刻制较为细致的版画(图4-2-3、图4-2-4)；石膏板质地软脆、雕刻工具简单、技法易操作，但版面易损毁，适合油印和套色版画的制作(图4-2-5)；铜板等金属板材质地坚硬，需要直接用针刀刻制或采用飞尘、腐蚀、软蜡等技法进行操作；网孔细密、质地柔软的丝网材料可用于文字或图形的漏版印刷制版；常选择较为厚重、平板状的石灰石作为用来制作石版画的石材，石材须有一定厚度承受印刷压力，其表面需经轻微打磨后使用。

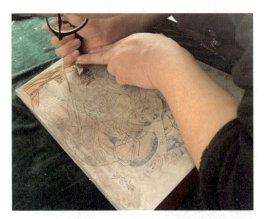
▲ 图 4-2-3　木版年画刻制

▲ 图 4-2-4　椴木三合板

▲ 图 4-2-5　石膏版画

除上述较为专业的版画制作材料外,适于DIY(自己动手制作)、易操作、用时短、见效快、价格便宜的橡皮章、吹塑纸等板材,越来越受到现代年轻人的青睐。橡皮章也称橡皮砖,用小型雕刻刀具即可快速完成类似于木刻版画的阴刻、阳刻凹凸形象,表现内容丰富,呈现可精细可古拙、风格迥异的版画印制效果;吹塑纸质地轻薄,用铅笔或木棍就可以在其表面压印刻画,印制操作更为便利;方便在版面上拼摆、堆叠、胶粘、固定的麻绳、剪纸、橡皮泥等材料,也是低龄学习者日常版画创作过程和教育实践操作中不错的选择,可根据各地物产特点灵活选用。(图4-2-6、图4-2-7)

▲ 图 4-2-6　吹塑纸版画

▲ 图 4-2-7　剪纸版画

二、印刷工具与材料

制版完成后,需要根据制版材料和刻制艺术风格选择适宜的印刷工具和材料。

（一）印刷工具

用于版画印刷的工具有趟子、马莲、拓包、版画机、刮刀、滚筒等。

1. 趟子

趟子是我国古代版画用于印刷的工具，制作材料多为老棕树皮。形制较大，多为长度 20 厘米以上的条形，适合大批量印制版画。（图 4-2-8）

2. 马莲

马莲是日本版画在我国传统版画印制工具趟子的基础上发展而来的，由毛竹笋皮包裹圆形木板制成，其形制较小，操作方便，适合磨印复制数量较少的版画。（图 4-2-9）

▲ 图 4-2-8　趟子

▲ 图 4-2-9　传统笋皮马莲和钢珠马莲

3. 拓包

拓包是篆刻中拓边款用的打墨工具，也可使用传统篆刻中的拓包充作摩擦器。拓包一般为自制，市面上少有销售。用棉花一小团，以塑料薄膜裹，外层采用精品绸布，细腻滑顺，手感佳，成品状如馒头，弹性适中，质地细密，发墨均匀，适用于各种材质的传拓。

4. 版画机

版画机是借助上下两个滚轴滚动、挤压产生的压力与摩擦力印制版画的。压力把版面上的油墨转印到纸上，形成版画。因其压力较大，一般适用于铜版画等版面比较坚韧的版画。（图 4-2-10）

5. 丝网版画刮刀

刮刀的长度应稍长于印刷图文，不同的承印物应选用不同形状的刮刀。刮刀应有一定的柔性，以利于改善网版与承印物接触性能，使印墨均匀。刮刀口要求平整，才能印制均匀。

6. 油墨滚筒

油墨滚筒是用来涂抹油墨的。制版完成后，将油墨用滚筒均匀地涂抹在版上，用版画机、马莲等印制出来。（图 4-2-11）

▲ 图 4-2-10　版画机

▲ 图 4-2-11　油墨滚筒

（二）印刷材料

1. 纸张

版画用纸除了纸质坚韧、承墨性强、表面纹理适宜、符合不同版种的印刷工艺要求外，还得讲究版心用纸的边缘外部形状、纸张的厚度（重量）和纸张 pH 值所显示的含酸量程度。

为了保持手工造纸天然的外形美，一般版画用纸是不将四周用刀切得整齐的。制作时尽量选用比版面四周宽 5 厘米左右的版画专业用纸。若要进行裁剪，则是用尺压住纸张准备裁开的一边，用手掀、拉纸，以裁成小幅面的纸张，这样被裁开的一边也呈毛边状。在印刷过程中，应尽量保持纸面印刷部分和四周空白部分的洁净，并保持纸张的平整。

▲ 图 4-2-12　多色版画专用纸

▲ 图 4-2-13　用宣纸印制的木版年画

我国古代木版水印版画在拓印时，常用宣纸。根据需要选用单宣或夹宣，也有人习惯用皮宣、过滤纸、吸水纸和专业版画纸。总之，印水印版画的用纸以吸水性能好、敏感、有韧性、干后变色少者为宜。

2. 油墨

目前，版画主要使用的油墨有胶印油墨和水性油墨。

（1）胶印油墨。胶印油墨具有干燥快、光泽度高、色彩鲜艳等特点。其颜色着色力高，具有良好的流动性和较好的干燥性，并具有一定的黏度，油墨颗粒均匀细腻。

（2）水性油墨。水性油墨与油性油墨的最大区别在于明显减少有害物质的排放量，能减少对大气的污染，不影响人体健康，不易燃烧，墨性稳定，色彩鲜艳，不腐蚀版材，干燥迅速。其特性是能满足纸张印刷的吸墨性需要，使印品着色丰满，更难得的是其溶剂主要是水和乙醇，对环境污染小，是世界公认的环保绿色油墨。在幼儿版画活动中最适宜使用水性油墨。

第三节　版画的造型表现

版画造型集绘画、雕刻、印刷技艺于一体，兼具手工性、复制性、印痕奇妙等特点，木版画、纸版画、实物版画、丝网版画等有其不同的制版、印刷造型技艺和工序。本教材所讨论的版画造型表现，主要针对学前教育或相关专业学生未来执业需要，在版画造型方法、表现技法、基本流程等方面不仅要有一定的操作实践经历，还要能够以此为基础支持幼儿成长与发展。

示范视频 4-1
我国现存最早的
木版年画——
《隋朝窈窕呈
倾国之芳容》

示范视频 4-2
平凡的童真之美
——《蒲公英》

一、木版画的造型表现

中国传统木版画源于盛唐经文书籍佛画插图，雕版、拓印、套色水印等造型技艺精湛、灵活生动，线条色彩表现独具魅力。

传统木版画制作的基本过程包括起稿、刻制、上墨、印制四个步骤。(图4-3-1)

（1）起稿　　　　　　（2）刻制　　　　　　（3）上墨　　　　　　（4）印制

▲ 图4-3-1　木版画制作过程

（一）制版前的准备工作

木版画的创作造型过程，需先进行创意构思，并对所选板材进行工艺处理，然后再进行草图起稿、拷贝过稿、刻版、分版、印版等流程。

木版画创作前的准备工作是板材的选择与处理。传统艺术形式中的木版画一般选择质地坚实、密度较高且硬度较大、不易变形的板材，如梨木、白果木等常见木材。木版画制作练习过程中，也可以选用价格相对便宜、用桦木或椴木制作的三合板、五合板、七合板等合成木板。刻制木板前，一般需要采用水煮、烫蜡或桐油浸泡等方式处理，防止板材因水分蒸发而开裂，同时也有利于雕刻。为使板材表面平整光滑，可以将板材用木砂纸按照横向或竖向精细打磨，也可以利用木材本身自带的木纹，使木版画保持天然的"味道"。版画制版前还需要熟悉材料且选择适宜的刻版技巧。

（二）制版

制版工艺流程一般需要经过拟稿、过稿、刻版、分版等过程。

1. 拟稿

根据创作意图，在图画纸上画出木刻版画的效果图，充分考虑点、线、面等造型元素及色彩配置等绘画语言的应用，还需保留主体形象，雕刻需要去除的部分并做好标记。

2. 过稿

利用拷贝纸或复写纸，将设计好的木版画效果图拷贝或描绘到板材上。应注意确定效果图的正、反形象，如需正像则要反向拷贝过稿。如选用打印的稿子，可以选择用松节油擦拭，也可以选择将画稿墨迹向下并在木板处扣实压印后也可得到转印图像，静置15分钟左右待松节油挥发后即可使用。

3. 刻版

刻版，也称雕版，其雕刻技术主要分为阳刻和阴刻两类。用刻刀将依据画稿拟保留形象之外的空间全部刻除，留出凸起部分着墨、印制后得到黑色形象，被称为凸版。(图4-3-2)当然，在色彩层面，不仅可以是黑色，也可以是其他色彩。与凸版相反的，是用刻刀剔除主体形象，形象之外进行着色，凹处会有留白现象，类似篆刻中的白文。除木版画外，采用凹版制版的版画类型还有铜版画、吹塑纸版画、石版画等。(图4-3-3)

刻版前，可将蜡油渗入木板内部以使刻刀顺畅刻版。刻版时，木刻刀柄置于虎口处，均匀用力，并且使刻刀和木板尽量保持在30°左右的夹角，较为省力。使用不同刀头的刻刀工具，在我们眼前将呈现出不一样的线条效果。(图4-3-4)

4. 分版

分版主要是应用于套色版画制版过程中，用以区分线稿或不同色版叠加或拼合，一般采用一版一色，或间隔较大的一版多色。线版或色版层次较多的分版设计，应特别注意拼合版块之间结合的精密程度，方便套色时能够达到预期的画面效果。(图4-3-5)

▲ 图4-3-2 黑白木刻版画　　　　　　　　▲ 图4-3-3 黑白吹塑纸版画

方点　　悬胆点　　阴阳点　　大小点

席纹点　　细草纹　　乱草纹　　波浪纹

▲ 图4-3-4 木刻刀法点、线肌理表现

套色版画　　线版　　色版(1)　　色版(2)　　色版(3)

▲ 图4-3-5 套色版画及分版

（三）印版

"印版"是将油墨或者颜料在雕刻好的线版或色版上涂抹，通过印刷工艺转印到纸张或其他介质上，呈现出版画不同刻版创意的画面艺术效果的过程。在印版的过程中，因配置墨色、颜料种类的差异，可有黑白、单色、套色等印版类型；转印工艺可以分为压印、磨印、拓印等印制技巧；根据印刷墨彩、颜料调和材料等媒介的不同，又被分为水印、蜡印和油印等印刷方式。

在现代版画创作及幼儿版画创意活动中，还可以充分利用生活中的硬纸板、吹塑纸、泡沫板等各类易得版画制作板材及油墨、水粉、丙烯材料和技法进行大胆探索，以个性化、特色化的版画的新锐形式，适应新时代青年人及幼儿的审美需求。（图4-3-6~图4-3-9）

▲ 图4-3-6 黑白瓦楞纸版画

▲ 图4-3-7 单色吹塑纸版画藏书票

▲ 图4-3-8 套色吹塑纸版画

▲ 图4-3-9 蔬菜拓印版画

版画是一种具有复数性的绘画艺术形式，由创作原版向转印画面复制的过程中，必须遵循一定的印制规则。版画创作者要全程参与并且监督指导全部印制过程，完成的版画原作须有作者签名，同时要注明纸张印制的张次和数量，并且母版可以毁弃。

二、纸版画基本造型表现

纸版画是使用厚薄不同、表面肌理不同的纸或其他纸质材料，通过剪、刻、镂空、揉捏等方法制作出形象，并将其逐层粘贴到底板上做成凹凸版，再通过不同的拓印方式进行印制的版画。纸版画取材方便、工具简单，易于制作、效果独特，是我国儿童版画创作的常用形式。纸张属于软性板材，可以通过刻印、撕剪、拼贴、揉折、镂空、印制（压印）等技法手段，设计制作凸版、凹版、孔版及综合版版画。版画印刷色彩配置可采用单色或套色，印刷颜料可用油性、水性和粉性。常用印制技法有拓印法、漏印法、捺印法等。

（一）常见纸版画制作工具与材料

在实际制版操作中，可选用硬卡纸板、瓦楞纸板、吹塑纸、KT板、素描纸、卡纸、宣纸、蜡光纸等纸张制作纸版画，还要用到刻刀、剪刀、橡胶磙、水粉笔、毛笔、铅笔（6H—6B）、圆珠笔、油画棒、调色盒、水桶、夹子、胶带、胶水等制作工具和材料。

由于画面创意方式与呈现效果的需要，在版画印刷过程中可采用水印、拓印、压印、漏印、油印、胶印等印刷工艺，选用的印制颜料也有所不同，常用的颜料有水彩颜料、水粉颜料、国画颜料、墨汁、丙烯颜料、纺织染色剂等水性颜料，也可选用彩色油墨、油画颜料及其他油性颜料等。

（二）纸版画的基本制作步骤

纸版画制作流程一般可以分为设计画稿、拷贝过稿、剪刻分版、制作印版、着墨印刷等五个步骤。

示范视频4-3
纸版画基本
制作步骤

下面以拼贴制版法版画制作流程（图4-3-10）为例，讲解凸版纸版画制作的基本步骤：

步骤一：设计画稿　先构思起稿，使画稿版面布局巧妙合理。

步骤二：拷贝过稿　用笔、竹木等工具描画，将蒙在复写纸上的画稿形象过稿到有一定厚度的制版画纸上。

步骤三：剪刻分版　上下对齐画稿及画纸，按层次分别剪出画面形象轮廓及相关细节。

步骤四：制作印版　将分版形象按画稿构图拼摆、粘贴、组合在平整的稍厚板材上，制作成层次分明的印版。

步骤五：着墨印刷　用滚筒蘸墨或颜料将印版滚涂均匀，将略大于印版的卡纸覆于其上，并用夹子固定，再用印刷工具均匀用力压印，揭开后即可得到一幅纸版画。

在实际操作过程中，其他类型的制版、印刷方法与流程可以根据制版材料特性、印版用具与技法的熟练程度灵活掌握、适度调整。

步骤一：设计画稿

步骤二：拷贝过稿

步骤三：剪刻分版

步骤四：制作印版

步骤五：着墨印刷

▲ 图4-3-10　拼贴法纸版画制作流程

(三) 纸版画的基本技法

纸版画由于材料易得、操作简便、实用性强,特别适宜学前教育专业师范生、幼儿园教师及幼儿尝试与操作。主要技法表现形式有拼贴、折纸、剪贴分割等凸版制版法,漏印、刻线、撕纸等凹版制版法,揉纸、实物拼贴等凹凸版结合制版法。

1. 拼贴、折纸、剪贴分割等凸版制版法

拼贴制版法是用稍厚的纸张剪或刻出形象的平面轮廓,贴于另一基纸,形成凸版,上墨或上色后即可拓印,凸出部分墨色深,轮廓边缘呈白色,基纸上着墨少,形成中间色。(案例见下文"纸版画的基本制作步骤")

折纸制版法可表现动物、人物关节转折,树枝、花、草、叶等造型的转折。用剪影法制图后,局部根据动态或需要,前后左右折叠,紧贴于底板上,使图形变成有动态或呈双层的图形。(图 4-3-11)

步骤一:剪裁　　　　　步骤二:折叠关节

步骤三:制版　　　　　步骤四:滚印

▲ 图 4-3-11　折纸制版法版画制作流程

剪贴分割制版法是将物体形象各部分剪开分割,拼成物体形象轮廓来表现物象、形体,画面部分没有重叠,有拓片的印刷效果。(图 4-3-12)

步骤一:画稿　　　步骤二:剪裁　　　步骤三:滚印

▲ 图 4-3-12　剪贴分割制版法版画制作流程

2. 漏印、刻线、撕纸等凹版制版法

漏印纸版画也叫孔版画，用剪刀或刻刀，把所剪图形中不要或主体的部位剪去或挖去，使这部分镂空，然后用工具蘸颜料，通过拓、刷、喷、刮等基本手法进行漏印。（图4-3-13）

步骤一：画稿

步骤二：制版①

步骤三：制版②

步骤四：拓印①

步骤五：拓印②

步骤六：完成

▲ 图4-3-13 漏印纸版画制作流程

在幼儿版画创意活动中，适宜幼儿操作的漏印方法主要有内外漏、渐变漏、衔接漏、叠印漏、平均漏、遮挡漏、移动漏、单色漏、多色漏、拓漏、刷漏、喷漏、刮漏等类型。

内外漏法是把颜色拓漏到图形内部或外面；渐变漏是漏印时颜料从深慢慢过渡到浅，或者从浅慢慢过渡到深；衔接漏则是从一种颜色慢慢过渡到另一种颜色；叠印漏是在印好的图形上，再漏印新的图形和颜色；平均漏的颜色均匀一致；遮挡漏需要遮挡住一边，只漏印另一边；移动漏使用同一个图形，在画面不同位置进行漏印；单色漏只用一种颜色；多色漏则用两种以上色彩在不同位置上漏印；拓漏可用泡沫塑料块或自制拓包拓色；刷漏是用刷子或笔把颜色刷进孔内或孔外；喷漏可采用小筒喷漆或用牙刷蘸色、用牙签拨动刷毛，让颜料成雾状洒落在画面；刮漏是把颜色堆积在孔版上面，用特制胶刮板把颜料漏进画面需要的孔内。

刻线制版法是用硬铅笔（2H—6H）、圆珠笔，或其他类似圆珠笔头型的金属、塑料、竹木材料等做画笔，在纸板上稍微用力刻画所表现的内容，使所画的线凹下去，不超过纸板一半左右厚度（注意控制力度不要画穿纸板）。印法：可用油印。由于吹塑纸材料较为薄软，比较适合画以线条为主的图案，可以用水彩笔起稿，修改时不容易有压痕，刻印效果不易受影响。吹塑纸版画制作步骤有起稿、过稿、刻画、印刷四步。（图4-3-14）

撕纸制版法则是把画在纸板上的画，用锋利的刀或刀片刻划需撕去的部分，（深度不超过纸板一半厚度）然后轻轻撕掉浅浅的一层或部分，使纸板这部分呈凹下去的粗糙块面，可印出有灰色肌理的块面。（图4-3-15）

步骤一：起稿

步骤二：过稿

步骤三：刻画

步骤四：印刷

▲ 图 4-3-14 吹塑纸刻线版画制作流程

步骤一：画稿

步骤二：过稿

步骤三：滚印

▲ 图 4-3-15 撕纸制版法版画制作流程

3. 揉纸、实物拼贴等凹凸版结合制版法

将吹塑纸、铜版纸、牛皮纸等较厚的纸张，用力揉皱、卷压，然后展开压平，纸面上会形成许多龟裂的"水纹"效果，再用这样的纸进行制版，会呈现不同的纹理效果。（图 4-3-16）

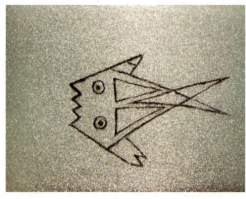
步骤一：画稿

步骤二：揉皱

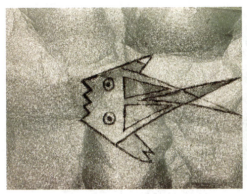 

步骤三:制版　　　　　　　　　　步骤四:滚印

▲ 图4-3-16　揉纸法版画制作步骤

示范视频4-4
揉纸法版画

附:师范生版画作品(图4-3-17～图4-3-19)

黑白版画

单色纸版画　　　　　　　　套色纸版画

▲ 图4-3-17　纸版画作品

▲ 图4-3-18　拼贴纸版画作品

▲ 图4-3-19　幼儿数学游戏玩具：单色纸拼贴版画

第四节　版画在幼儿园中的运用

版画操作性强,其创作过程中涵盖丰富的工具材料探索、技法实践操作和奇妙的版画画面效果呈现的乐趣,是学前教育专业师范生表达个性、艺术风格和审美情感的重要途径,也是其在职后开展幼儿园及亲子幼儿版画体验活动、丰富幼儿美术活动内容、进行其他领域教学材料组织和环境创设的重要形式,在幼儿园教育教学活动及幼儿园教育环境创设过程中,有着不可替代的作用和价值。

一、版画在幼儿园教育教学活动中的应用

在幼儿园开展版画体验、操作等教育教学活动,是以观察、体验和游戏活动的方式,和幼儿一起开展丰富多彩、形式多样的,以制版、印刷、复制等艺术活动为载体的,以反复的创造性活动,增强幼儿劳动意识和体验劳动创造美的互动艺术游戏过程。更为重要的是,通过版画材料探索、技法操作及分享实践,增强幼儿动手操作能力使幼儿能够大胆表现创意及拥有多元审美素养。

(一)版画在艺术领域教育教学中的应用

师范生有目的地设计和实施适宜的幼儿版画创意等艺术互动体验活动,可以借助现代网络信息手段、以幼儿易于接受的游戏活动等方式,通过"看、说、做、评"等方式,循序渐进地引导幼儿一起观赏来自中国传统文化宝库里不同类型风格的优秀版画作品,体会木刻雕琢、凹凸起伏与朱白印记带来的古拙文化韵味,激发幼儿主动参与和版画相关的艺术欣赏、材料探索、技艺模仿等各种操作游戏活动,启发幼儿用自己的语言或行为方式分享、表述自己积极参与"寻找版画材料、版画制作互动,评价自己和同伴作品"等环节的独特思考和创新想法,以此激发幼儿对版画这一新鲜事物的兴趣,主动参与新材料、新工艺、新玩法的探索与发现,有益于幼儿的个性成长与独特创新思维和创造能力的发展。

可以设计一些亲自然活动,让幼儿在生活环境中寻找可以用来创作实物版画制版材料的艺术探究活动。种类繁多、形式多样的植物枝叶秸秆、瓜果蔬菜、动物兽骨皮毛、棉麻织绣布料、纽扣硬币等人造物品等,这些材料本身在不同状态下所呈现的外观形状、色彩、花纹、质感等特征,都可以作为实物版画创作、体验和材料探索内容。可以引导幼儿发挥自己的艺术创造本领,尝试用多彩的颜料把这些材料拓印、添画、变化为成自己喜欢的形象。(图 4-4-1、图 4-4-2)

▲ 图 4-4-1　莲藕横截面拓印

▲ 图 4-4-2　山楂横截面拓印

(二)版画在其他教育教学活动中的应用

幼儿生活环境周围蕴藏着丰富的可以用作版画体验的材料,也可以游戏化版画体验活动为载体,完成其他领域的相关知识内容的学习。不断丰富幼儿园教育教学活动设计的新方式,开展群体性制版材料探索活动,有趣好玩的复制、拓印技艺学习,可以提升幼儿社会交往能力;学会轻松地将生活中熟悉的形象用版画形式表现出来,以艺术观察和创造过程开展科学等领域的观察、比较活动,也是促进幼儿快速实现个性化艺术创造能力和审美意识提升的重要举措。

幼儿园在开展科学探索等领域的活动课程时,可以通过材料观察、选择、应用等环节的探索,图形创意设计、制版再造、拓印复制等艺术创造过程,呈现不同生物的身体形状、纹饰特点的版画游戏活动,进一步体会常见植物、动物等生物的多样性。在进行主题实物版画制版材料的探索活动时,和幼儿一起走进大自然,在幼儿园周边寻找各种可以创造美的实物材料和素材,也是适应低幼年龄段幼儿参与艺术体验活动需要、幼儿可以轻松实现的艺术实践活动方式。

吹塑纸油印版画"美丽的鱼儿"

执教老师：陶忠娅（聊城幼儿师范学校附属幼儿园　中二班）

海洋中的生物千姿百态，各式各样的鱼儿在大海里自由自在地遨游，它们的身体有的很大很大，也有的很小很小，有着非常漂亮的颜色和美丽的花纹。我们可以用版画的形式表现这些美丽的鱼儿的外观特征。

活动目标

1. 幼儿学会观察和比较鱼的外形特征，能够在吹塑板上完成螺旋线条画法。
2. 幼儿能用自己喜欢的颜色和图案，装饰自己感受到的鱼的外形、纹饰、色彩特征。
3. 能够用版画形式完成生物多样性的观察、比较与展示，用适宜的艺术语言表述自己的科学发现。

活动准备

1. 观察了解海洋生物（鱼）的基本外形及特征。
2. 材料准备：吹塑板、铅笔或木棒针、磙子、油墨、拓印纸，多媒体展示设备、动画片《海底总动员》。

活动过程

1. 生活导入

教师引导幼儿欣赏动画片里的海底世界，自由表达自己对鱼的特征的观察和感受。

2. 师生讨论并交流

引导幼儿大胆说出自己看到的鱼的外形、色彩和花纹，学会比较鱼形体的大小、数量的多少等，鼓励幼儿模仿海洋鱼类游动的动作特点。

3. 探索鱼的制版方法

幼儿大胆地用铅笔在吹塑板上画出鱼的轮廓线，并进行想象添画、装饰涂色。反复描画、加深加粗，形成凹凸的图案底板。幼儿有序地蘸油墨、选择喜欢的颜色把吹塑纸版面均匀地磙上油墨；也可把拓印纸盖在吹塑板上，用手均匀用力磨压，体验拓印的乐趣。

4. 引发幼儿观察、发现、讨论

让幼儿从造型、色彩、图案等方面互相欣赏、评价各自的作品、表达感受。学习用制版法画自己喜欢的鱼的形象，印自己喜欢的颜色。

5. 活动分析与反思

"美丽的鱼儿"这一主题能引发幼儿艺术创造的兴趣，吸引幼儿积极参与科学探索，观察动物多样性特点，但也存在有些幼儿不敢动笔画的问题。活动过程生动、有趣，富于启发性、探究性。

本活动对幼儿动手能力要求较高。中班幼儿已能够画出基本型，也能根据花纹粗细、大小、疏密等进行装饰。这个活动有利于开阔幼儿视野，培养幼儿科学创新精神和艺术实践能力。

6. 幼儿版画作品欣赏

二、版画在幼儿园环境创设中的应用

在幼儿园教育环境创设过程中,版画可以得到广泛的应用。如幼儿园活动室等空间场所、各活动区角的装饰与美化,版画特色的环境创设材料选择、技艺体验、作品展示与表述形式的设计,都可以由教师和幼儿一起完成。用版画制版、印刷技艺,完成重复性、反复性展示形象的创作,可以减轻幼儿园教师重复劳动的负担。各类版画材料的选择探索经验和使用技巧,也会成为幼儿园特色环境创设个性化展现的重要措施。尤其是有幼儿参与的,经制作、体验、互动过程产生的各类形式的版画作品,也是反映幼儿成长和发展的重要素材,它可以清晰地记录幼儿审美素养和艺术创造能力的发展轨迹,成为各领域特色教学活动设计的素材,也将成为影响幼儿发展的重要力量。

单元小结

本单元以文图、实例相结合的方式详细介绍了版画的概念、特点与种类,引导师范生进一步熟悉版画工具、材料选用常识,掌握基本的版画制版、印版工艺流程;并能够依据本地域物产资源及幼儿发展特点,选择、设计适于本地幼儿有兴趣参与的版画制作、印刷体验活动;能深入探究剪贴、雕刻、拼版、套色等版画制版与印刷技艺;结合本地幼儿发展和活动需要,探索适宜的本土化版画新材料、新工艺和工艺技法。

思考与练习

1. 回顾所学内容,试比较前文中呈现的剪贴分割制版法版画和拼贴版画在制版、印刷及画面表现效果方面的差异,请尝试说出自己的感受和体会。

2. 依据本地幼儿发展特点选择适宜的版画制作工具与材料;掌握基本的版画制版、印版技能与工艺流程,掌握剪贴、雕刻、拼版、套色等版画制版与印刷技艺。

3. 结合本地幼儿发展和活动需要,选择适宜的版画材料和工艺技法,尝试写出幼儿园(或职业岗位)版画体验游戏活动设计与简易实施过程。

第五单元
近现代造型艺术欣赏

学习目标

1. 理解近现代中外绘画的种类以及主要人物的代表作品，理解近现代雕塑手段、工艺美术、建筑与园林的造型风格与特点。
2. 能够欣赏并解读近现代造型艺术作品。
3. 在赏析过程中提高文化修养，丰富学识，并能将所学运用到幼儿园艺术教育和保教实践中。

内容结构

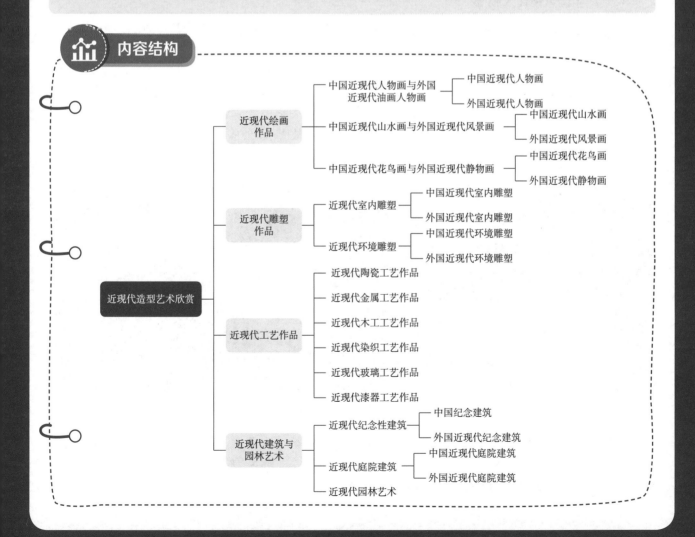

近现代造型艺术泛指1840年鸦片战争爆发至1949年中华人民共和国成立前夕的造型艺术。这一时期,一些谋求改革的人们把目光转向西方,希望以西方写实技法来改进中国画,提高中国画直接反映现实生活的能力,西方绘画、雕塑等艺术形式逐渐被引入中国,中国传统艺术经历了多次变革。中外近现代造型艺术作品在遵循传统艺术规律的基础上,互相吸收对方艺术的元素,逐渐形成近现代造型艺术流派众多的特点。这些艺术流派更多地在表达状态或者理念,企图突破传统审美范畴、打破艺术与生活的界限。这样的艺术理念在中外近现代绘画、建筑、雕塑、工艺等名家代表作品中也多有体现。

第一节　近现代绘画作品

近现代中外社会变革与文化交流日趋频繁,中西方绘画语言不断产生碰撞与交融,使得中国的人物画、山水画、花鸟画与外国的肖像画、风景画、静物画的发展不断推陈出新,在继承传统或古典造型的基础上,产生个性鲜明的创新变化,具象与抽象并存、前卫先锋相互补充,衍生了众多流派纷呈、风格迥异的艺术融合新形式。

一、中国近现代人物画与外国近现代油画人物画

(一) 中国近现代人物画

近现代中国人物画的欣赏,通常需要从作品创作的时代背景、主题内容、表现技法、造型特征等方面入手。下面以徐悲鸿的人物画作品《愚公移山》(图5-1-1)为例,介绍中国近现代人物画的欣赏过程。

徐悲鸿对改良中国画做出了极大贡献,他用西方古典主义绘画的科学写实法则取代国内传统文人画崇尚的写意传统,把画静物、石膏像及人体作为艺术创作的必经之路。《愚公移山》是徐悲鸿的代表作品之一。

时代背景:作品创作于1940年左右,正值抗日战争时期,中华民族危急存亡时刻。徐悲鸿应印度诗人泰戈尔之邀前往印度举办画展,宣传抗日,以中国古代寓言故事《愚公移山》为题材进行创作,希望中国人民以愚公移山之志艰苦奋战,夺取抗战的最后胜利。

▲ 图5-1-1 《愚公移山》(局部)　徐悲鸿

主题内容:作品《愚公移山》取材于《列子·汤问》,描绘的是愚公及其子孙们奋力移山的情境。愚公因眼前太行山与王屋山妨碍出入,穷尽子孙也要将山川铲平移走,其决心感动上天,两山被天神移走。整幅图止于左边大象,寓意坚定不移、辛勤不倦的奋斗精神。

表现技法：徐悲鸿坚持以写生入画的原则，借鉴西方科学观察与表现精神，将中西方文化艺术结合。他认为"古法之佳者守之，垂绝者继之，不佳者改之，未足者增之，西方画之可采入者融之"，将素描作为基础，以科学严谨的写实手法为教育思想，成为现代写实主义艺术奠基人。《愚公移山》便是这一思想的典型体现。

造型特征：在人物刻画过程中，将西方严谨写实的塑造方法巧妙地融入到中国画笔墨与线条之中，人物造型比例准确、神情生动自如。

欣赏人物画时，要了解作者创作的时代背景和主题内容，以及从创作技法和造型方面进行欣赏分析。徐悲鸿的人物画给观者强大的精神力量。

（二）外国近现代油画人物画

近现代外国油画人物画的欣赏，除了解作者作品产生的时代外，还要关注作品画面构图、色彩、线条表现等。

与徐悲鸿同一时期的法国绘画大师亨利·马蒂斯，被认为是 20 世纪最善用色彩的画家、野兽派的倡导人。马蒂斯的创作手法与徐悲鸿所崇尚的西方的科学观察表现方法有所不同，观察与表现方式突破西方科学、客观的物质世界，更倾向于展现人的本质、心理冲突、抽象化和思维化，体现作品的张力、视觉冲击力与和谐之美。

作品时代：1910 年，马蒂斯受俄国商人委托创作的装饰壁画作品《舞蹈》（图 5-1-2），是他辉煌成就的代表作。作品主题形式简化、具象，为追求平面而放弃空间感和体积感，富有运动感的构图、对比强烈的色彩、平涂勾线的表现手法让人耳目一新。

▲ 图 5-1-2 《舞蹈》 马蒂斯

画面构图：画面中有五个人在劲舞，最左边的人体态悠然，挺立翻转，头颅向右，整个身形呈现"C"字形的曲线。画面上方第二舞者身体与最左边的舞者身体弯曲方向相反，头部相对，左边的舞者体态舒展，第二舞者则是蓄势待发的卷曲。第三、四、五舞者是悬空不着力的状态，画面最下方的第五舞者虽如外太空失重者，又统一在五人双手围成的大圈中，形成了虚实对比。快乐和谐群舞的一致性让舞蹈自然产生生命感和由此带来的喜悦。

画面色彩：整个画面以橙色、蓝色与绿色三大整体的色块为主，颜色亮丽，又有补色的强烈对比。整幅画面安静祥和，充满淳朴与和谐，洋溢着欢快的气氛。马蒂斯始终在彰显着自己独特的艺术个性与才华，他要以热烈的情感去诠释大自然，尽可能地用颜色去创造自己的主观世界。马蒂斯所追求的是色彩运用的真正解放[①]，追求画面形式达到一种极致。

线条表现：线条是舞蹈流动的痕迹，而色彩使得抽象画面更为干净。线条和色块在马蒂斯那里非常合乎美感地融合起来，它所产生的空间感让舞者有了自由舞蹈的姿态。他又从东方艺术的平面性与装饰性的风格里汲取了营养，同时将非洲质朴粗犷的风格也融入自己的艺术中。马蒂斯的《舞蹈》超越了传统绘画的理性与凝重，追求单一而明快的风格，如简洁的造型、大胆的色彩、和谐的构图和优美的线条，这些都深深影响着后来者，他也因此成为现代派艺术中的伟大画家之一。

欣赏马蒂斯的作品，会发现他的画作和原生童趣的儿童绘画有相通之处，正如儿童作画没有任何规范束缚与功利心，纯粹是觉得好玩、好奇而挥动画笔，可以随性而为、自由发挥，因此才能真正体现儿童纯真可爱、自然烂漫的天性。

[①]《外国美术史及作品鉴赏》教材编写组. 外国美术史及作品鉴赏[M]. 2 版. 北京：高等教育出版社，2007：314.

二、中国近现代山水画与外国近现代风景画

(一) 中国近现代山水画

中国山水画追求意境的传达,可观可游、虚实动静的结合能够让笔墨之间更为生动灵活、富有神韵。近现代的中国山水画在传统山水笔墨意境创新的基础上,融入更多现代审美、笔墨语言、光色技艺、情感表现等元素,通过个性化的画面意境来表达画家宽阔胸怀、远大志向等思想情怀。

黄宾虹善用宿墨,把控能力极强,落笔即是神韵。《云烟叠嶂》(图5-1-3)是其晚年代表作。此图是黄宾虹1946年创作的,作品以其独特的笔墨和艺术手法展现出了中国山水画的内涵与精髓。黄宾虹以故地的小景为题材,并不追求外在形式,而是追求山川的内在美。该作品可从画面笔墨和构图两方面进行解读。

画面笔墨:他善以纵横驰骋的笔法和变化多端的墨法呈现黑、密、厚、重的特色,使作品充满了山川的神韵和气息。此图以笔为骨,诸墨荟萃。满幅"参差离合、大小斜正、肥瘦短长、不齐之齐"的点和线,构成了画面的主体结构。他用笔藏头护尾,没有起止之迹,一勾一勒如同屋漏痕。这种笔墨的处理方式使得画面具有了一种自然的流动感,观者仿佛置身于山水之间,感受到山川的气息。此外,黄宾虹还巧妙地运用了积墨、破墨、渍墨、铺水等多种技法,使画面呈现出"润含春雨"的艺术效果。这些技法的巧妙运用使得画面更加生动,更具有立体感和层次感。

▲ 图5-1-3 黄宾虹《云烟叠嶂》

画面构图:此幅画分为远、中、近三段,以近景为主,由右下石桥推进,山峦挺立,草木重荫之下有茅草房,有高士于屋中坐,古木参天,郁郁青青,层峦叠嶂,笔法洒脱,自在随性。递进高耸之处,有山林古庙殿红,回旋道路层次分明,杂而有章。露白处突出画眼,表现手法十分丰富,物物各有风姿。庙宇高耸连接中段,中段右侧向山峦向左倾斜,止于中间留白的瀑布,竖势注入云烟,气韵流动,又流入近景,尽是白色烟雾闪烁,可谓笔外有云,墨中有烟。远景第三段,由瀑布竖势的顶点,向左耸立,将第二段向左倾斜的山石做了延伸;最后面的青色远山,高低错落排布,做了整体性补充的平衡,化解了中层与第三层交叉造成的视觉落差。高山与民居,繁与简,虚与实,在互相对比和相互衬托中,使画面更加灵动。

香山翁曰:须知千树万树,无一笔是树;千山万山,无一笔是山;千笔万笔,无一笔是笔。有处恰是无,无处恰是有,所以为逸。这句话道出了黄宾虹对艺术的独特见解。他的画作正是通过这种独特的方式,将山水之美展现得淋漓尽致,将观者带入了一个超越现实的艺术境界,让人感受到了大自然的神奇和壮美。

近现代中国山水画与西方写实风景不同,也从不是照搬自然界,不受时间、地点、透视等客观物象自然元素限制,情感抒发更具个性和自然。黄宾虹的山水画展现出了中国山水画的内涵与精髓。山川草木、房舍车马等形象源于生活却又高于生活,与大自然一般灵动,却更具生命力,蕴含中国人"物我两化、天人合一"的传统哲学观。

(二) 外国近现代风景画

以莫奈为代表的外国风景画家们,似乎也想要打破长久以来对风景的理性观念,开始探索表现转瞬即逝、跳跃、不稳定的印象、情感、个性、创新等意象元素。他们凭借直观感受,突破古典写实风景题材和构图的限制,捕捉时空下变幻不定的光色运动旋律,侧重于光线和色彩的表现,这是近现代西方风景画有意义的探索与革新。

克洛德·莫奈被誉为印象派之父,《日出·印象》(图5-1-4)是他在勒阿弗尔港口创作的一幅油画,堪称印象派的开山之作。他为水面上闪烁晃动的波光着迷,为迅速变幻的色彩激动,以粗犷淋漓的笔触和灿烂斑驳的色块,在迅速用笔中捕捉到了表现瞬间即逝印象的有效方法。

画面构图：作品构图完全突破了西方传统主流学院派所推崇的明确而清晰的轮廓、固定化程式化的色彩限制，摒弃了作品的社会意义、主题特色及画面完整性，不再要求形体是否准确，只想通过变幻无穷的光线展现事物的外观形象，完全用自己的体验捕捉微妙的自然变化。

画面光线：勒阿弗尔港口的清晨，晨雾朦胧、太阳初升、祥和宁静，微凉空气带着湿润的水汽漫布在这一片水域中，鲜红的太阳透过淡淡的薄雾使得光线变幻莫测，日光倒映在微波的水面上。莫奈用长短不一、急促跳跃的笔触，呼应着波光粼粼的水面。两只小船、依稀可见的烟囱、吊车等朦胧的物象似真似幻，将港口这一刻的印象永远地驻留在了画笔之下。

▲ 图5-1-4 《日出·印象》 莫奈

画面色彩：画面中天空雾蒙蒙的，色彩微妙、朦胧梦幻、充满惊艳，主要以淡紫色、橙色、墨绿色、青灰色等相互交错，不求平整，以跳动活泼的笔触展示雾气交融的印象及此刻欢快生动的情绪。采用原色主义、色调分割等方法，表现出强烈的光色变化，创造了以光源色与环境色为核心的现代写生色彩学，革新了传统西方绘画固有的色彩观。

三、中国近现代花鸟画与外国近现代静物画

近现代中国花鸟画与外国的静物画，突破了中国传统绘画与西方古典写实绘画的表现内容、语言与艺术技艺，表现现实平凡生活情境，充分体现了画家个性鲜明的艺术风格和独具匠心的表现手法，在章法构图、笔墨色彩等绘画语言上强调独特的创新表现。

（一）中国近现代花鸟画

近现代中国花鸟画家表现的题材和内容，由梅、兰、竹、菊等纯笔墨情趣的文人画题材，转向虾蟹、草虫等极为平凡的生活元素，通过不断地观察写生、概括夸张，化为生动有趣、雅俗共赏的艺术形象。笔墨之间尽显鱼虾水中游弋、蔬菜瓜果飘香、鸡鸭聚散争食的姿态和神韵，以其豪放的笔墨、浓艳的色彩，创造了鲜活的艺术生命力。

齐白石的花鸟画作品简洁生动、富有生命力，妙在似与不似之间。用他自己的话说："余之画虾已经数变，初只略似，一变毕真，再变色分深淡，此三变也①。"从《虾》（图5-1-5）的笔墨技巧及章法构图即可体会齐白石独特的绘画语言。

笔墨技巧：虾的四肢及胡须用笔苍润老辣、功力凝于笔端，圆润中有变化、灵动间富节奏，行笔过程如兔起鹘落、连绵不绝、胸有成竹、意在笔先，笔下之虾灵动而鲜活欲出。虾体墨色或浅或深，笔笔分明，富有质感。偶有深浅变化，融合得天衣无缝，便如水有深浅、虾有偃仰、波光闪烁、虚实相生之感。

章法构图：水草墨色浓郁，大块体面铺洒，写意味道浓重，粗重细润的花朵枝茎，左上水草叶子与虾两处关联、融为一体。叶之简括与虾之精细形成鲜明对比。画面构图以"S"形布局拓展画面，使画面纵深、空间更加渺远，给观者形成一个视觉轨道，仿佛是群虾游行路线。真正诠释了艺术来源于生

▲ 图5-1-5 《虾》 齐白石

---
① 朱旗，戴云亮.中外美术赏析[M].苏州：苏州大学出版社，2009:104.

活、高于生活的真谛。

（二）外国近现代静物画

近现代外国静物画越来越多地在表现现实主义和平民生活题材,表达画家独立思想、观察体验和独特的个性作品风格。

▲ 图5-1-6 《向日葵》 凡·高

凡·高的绘画作品具有强烈的个性和独特的风格,以火辣明快、强烈的色彩演绎了热烈而不平凡的人生,能够唤起人们难以抑制的激情。凡·高研究一切画理画法,多次描绘以向日葵为主题的静物,爱用向日葵布置他在阿尔勒的房间。他曾说过:"我想画上半打的向日葵来装饰我的画室,让纯净的或调和的铬黄,在各种不同的背景上,在各种程度的蓝色底子上,从最淡的维罗纳斯的蓝色到最高级的蓝色,闪闪发光;我要给这些画配上最精致的、涂成橙黄色的画框,就像哥特式教堂里的彩绘玻璃一样[①]。"

凡·高喜欢用纯色点画的技法,去掉向日葵的轮廓线,每个部位都由许多小笔触构成,使色彩化整为零,表达了他追求光线和色彩的情绪。此幅《向日葵》(图5-1-6)主要由绚丽的黄色组成,色泽明丽、仿佛一团灼灼逼人的火焰,绝艳饱满、富有张力,线条肆意不羁、坚实大胆,在同一色系中创造了色彩斑斓的瑰丽与灵动,让灿烂的生命得以永恒。他的感情热烈,希望在这世间能如画笔中的向日葵一般灿烂绽放,被人看见与欣赏,最终却未能如愿。他的画作在历史长河中得到后人极大肯定,终究令他的艺术生命得到永恒。

第二节　近现代雕塑作品

近现代的中外雕塑艺术不断自我革新,形式更加多样,内涵更加丰富,雕塑家们拥有相对独立的地位和自由创作的权利,在室内雕塑、环境雕塑及主题雕塑领域有了更多新题材、新材料、新工艺和新风格的表现。

一、近现代室内雕塑

（一）中国近现代室内雕塑

20世纪初期,中国室内雕塑作品很少,又被战火毁坏,能够保存下来的作品少之又少。到20世纪中期,雕塑艺术家们既吸收西方艺术表现手法,又发扬本民族的优良传统,创造出一批优秀的现实主义室内雕塑。

李金发的雕塑作品受到西方文艺复兴时期作品启发,尤其受到了米开朗琪罗雕塑风格的影响,作品具有较强的写实性、细节性,风格内敛而庄重,造型严谨,极其传神。

《黄少强头像》是其风格的集中体现。黄少强是岭南画派名家高剑父门下的重要成员之一,他的画以悲凉为主色调,画作取材于各种剥削压迫下民不聊生的真实生活,他尤其善于塑造人物坎坷的经历与细腻的精神状态,展示了他内心的挣扎与共鸣。

▲ 图5-2-1 李金发《黄少强头像》

[①] 《外国美术史及作品鉴赏》教材编写组. 外国美术史及作品鉴赏[M]. 2版. 北京:高等教育出版社,2007:304—305.

李金发的雕塑造型坚实,尤其注重人物内在思想感情的刻画,《黄少强头像》集中体现了主人公的忧国忧民,满眼都是对满目疮痍的世间无尽的忧伤与无奈。李金发在创作《黄少强头像》时没有用大喜大悲的手法,而是将画家一生的心酸全部刻画在眉眼之间,手法细腻含蓄,所有的情绪都体现在五官的细微之处,将五官刻画得淋漓尽致。整个人物虽只有半身,却能令观者感受到黄少强骨瘦嶙峋却不失铮铮傲骨的坚毅品格,塑造出一个受过民主思想影响的青年艺术家的典型形象,为冷冰冰的雕塑塑造了灵魂。整个雕塑工艺精湛,具备坚实的西方雕塑根底,是李金发较成功的雕塑代表作之一。

(二)外国近现代室内雕塑

外国近现代室内雕塑作品展现了雕塑家们对美的追求和对人性的探索。罗马尼亚雕塑家布朗库西的雕塑作品以象征性的极端抽象与微妙造型为特色,关注自然的理想化形象,热衷表现现实生活中的鸟、鱼和人体结构的实质,喜欢用大理石、木材、铜等材料,采用磨光精致处理的技巧,展现雕塑作品的优美造型特征。

《沉睡的缪斯》(图 5-2-2)是布朗库西在 1910 年创作的大理石圆雕作品。作品打破常规,只塑造了一个椭圆形头部,没有底座。巧妙运用线和浮雕淡淡刻画出面部的造型。闭合和微微突起的眼睛、修长的鼻子、纤小的嘴巴,描绘出"女神"沉睡的特征。两眉一高一低,似乎在梦境中美好的事物令她的眉峰轻轻挑起,玲珑的小嘴在熟睡下微微张开,气息从口中溢出;脸儿细长、轮廓柔美,简洁而灵动。

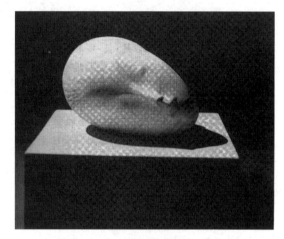

▲图 5-2-2 《沉睡的缪斯》 布朗库西

作品带给观者一个丰富的想象空间,一个正在岩洞里沉睡的美丽"女神",整体清晰的轮廓,流畅、沉稳的质感,形体内在的力量感,恰到好处地表现了主题,呈现了像水一样的清澈、纯净风格魅力的现代主义雕塑。布朗库西被人们尊为彻底抽象与单纯化的前卫雕刻的代表人物。

二、近现代环境雕塑

(一)中国近现代环境雕塑

随着社会的发展与进步,人类对生存空间特别关注和重视,强调以人为本、人与自然的高度和谐。近现代中外雕塑艺术作品也在装饰性、纪念性的基础上,迈向一个新的台阶。环境雕塑成为城市空间文化与艺术的重要载体,在装饰城市空间,改善人们居住环境、涵养人文精神方面发挥着越来越重要的作用[1]。具有纪念意义的环境雕塑有了很大发展,人民英雄纪念碑底座的浮雕就是这一时期杰出的代表作品。《五四运动》是人民英雄纪念碑南面的一幅浮雕作品。

情境内容: 此浮雕生动刻画了 1919 年 5 月 4 日,北京学生在天安门前集会示威游行的场面,史称"五四运动"。作品中有 25 名鲜活的人物,包括学生、工人、农民等。画面以一个站在凳子上高出他人的青年学生为主体,周围有包括学生在内的不同职业身份的听众,在他前面,一个女大学生正向过往的人发传单。

构图方面: 作者运用了中国传统迂回构图法,除发传单与接传单的两人及演讲者本人外,其他人都在神情激动地聆听着青年学生的演讲,他们身子前倾向中间演讲者聚拢。人物杂而不乱、服饰特点与肢体动作有着内在的一致性。演讲者与发传单的学生一右一左成为整幅画面的视觉中心,他们面对方向相反,腿脚跨度与位置一致,整幅浮雕大调和中有小对比,富有节奏与韵律。

---
[1] 汝信,犀然. 中国雕塑[M]. 北京:高等教育出版社,2009:310.

▲ 图5-2-3 《五四运动》(局部)　滑田友

造型手段：作品采用平面化处理，具有浮雕性和装饰性。人物造型简练概括，衣纹采用传统雕刻手法，形体严谨、线条流畅，气韵生动。线条刚柔并济，体现出一种韧劲。作品主次分明、层次丰富，气韵生动、富有气势，表现出强烈的民族风格，获得了国内城市雕塑的最高奖。滑田友成功地把国内传统雕塑与现实主义题材很好地结合在一起，创作了具有现代感的雕塑。

（二）外国近现代环境雕塑

奥古斯特·罗丹，被誉为现代雕塑艺术之父。罗丹的雕塑作品展现了人世间可悲可喜、可爱可怖的众生相，让人们窥视生命的真实和艺术创造的意义，真诚地把人类生活中最深刻的爱与美揭示出来奉献给了人们[①]。

▲ 图5-2-4 《加莱义民》　罗丹

《加莱义民》(图5-2-4)是立于法国加莱市市政厅前的一组公共环境人物青铜雕像，是罗丹1884年至1886年塑造的。作品人物脸部朝向不同，中间老人头发稍长、年龄最长、眼睛向下凝视、神情忧伤，步伐沉重；右边站立的年轻人双眉皱起、嘴巴紧抿、神情悲愤，两只手紧握着城门钥匙，茫然望着远方；右边第三个市民眼睛被双手遮住；左边第二个人物举手向天、内心无比愤怒而无奈，目光向下凝视、嘴巴半开想要说些什么；旁边一个较年轻的市民，眉头蹙起、双手摊开，显示出无可奈何的神态；身后的市民，双手抱头、陷入痛苦之中。后面的三个市民没有前面的市民那么坚定勇敢，但为了全市市民愿意自我牺牲。六个人物造型看似独立，动势造型将他们联系在一起。在《加莱义民》中，人物刻画生动真实，心理刻画和强烈的性格表现到位，为了正义和真理，为拯救整个加莱的市民，光头赤足地游街饱受侮辱，即便不能改变一死结局也义无反顾。刹那的凝结，无声胜有声，不论年代多么久远，始终震撼人们心灵。

---

① 朱旗,戴云亮.中外美术赏析[M].苏州:苏州大学出版社,2009:210.

第三节　近现代工艺作品

中外工艺美术作品种类繁多，生活中随处可见。其制作材料、生产工艺、流通欣赏等程序复杂，与人们的生产生活、文化传统、应用领域等联系密切。每件作品都有其独到之处。本节内容选取中外近现代文化生活中较为常见、影响深远的陶瓷、金属、木工、染织、玻璃、漆器等不同工艺、材质的工艺美术作品，以中外两种作品对比赏析的方式，分析其在不同文化背景下的器形、工艺、意境变化之美。

一、近现代陶瓷工艺作品

近现代中外陶瓷工艺作品在器形、绘制内容、烧制工艺等方面有了诸多创新，也融入绘画艺术表现语言，丰富了其美观实用的工艺造型内涵。

《人物花瓶》(图5-3-1)是19世纪末毕加索的现代主义风格陶瓷制品。作品外形质朴，颜色简单概括，形象抽象，点、线、面的分割、结合随意，而又自成一体，强调功能，充分体现了现代主义的特征。

《人物花瓶》(图5-3-2)又称粉彩人物诗文瓶，是19世纪末中国官窑瓷器。作者王琦被誉为"珠山八友"之首，其陶瓷制品以写意人物画见长。作品采用乾隆时期粉彩工艺，色彩粉嫩、形象突出，画瓷像技艺吸收西洋画法，人物头部刻画细腻，以西画手法描绘脸部，明暗关系清晰，神情捕捉准确，光影富于变化，运用了西洋绘画晕染技法，立体感强、形象生动。

▲ 图5-3-1 《人物花瓶》　巴勃罗·毕加索

▲ 图5-3-2 《人物花瓶》　王琦

示范视频5-1
陶瓷

二、近现代金属工艺作品

伊万·梅斯特罗维奇是南斯拉夫和克罗地亚的雕塑家和建筑师，在20世纪初欧洲雕塑界备受瞩目。《维斯塔卡》(图5-3-3)人物形象外形简单，结构比例适度夸张，体现了西方艺术家对东方文化的认可和融合。头部发髻整齐高耸，外形简朴统一，裸露的肩部和胸部的处理充分展现了西方人体的写实技法与表现能力，下半身的造型吸收了东方文化的造型特征，衣褶的处理简洁富有装饰性，酷似埃及画像的表现手法。

《菊纹茶杯》(图5-3-4)是近代纯银胎嵌珐琅工艺作品，作者不详，在东方传统工艺的基础上有革新,形象设计更简单大方,受西方图案规则的影响,工艺上沿袭传统,纯银做胎,镶嵌珐琅工艺精美,适合把玩欣赏。

三、近现代木工工艺作品

英国工艺美术家查尔斯·雷尼·麦金托什的作品《椅子》(图5-3-5),外观简洁,线条硬朗又有圆润的细节,直线和曲线对比明确,却又不突兀,合适的坐垫高度符合人体工程学要求,坐垫的材质更充分地体现了实用性,高高耸起的椅背夸张却又不失舒适,充分体现了现代艺术实用与艺术感的结合。

中华民国时期的红木雕龙八仙桌(图5-3-6)保留了传统的榫卯结构,外形厚重饱满,手工雕花细腻生动,传统中式图案体现着吉祥如意的美好寓意,制作工艺上有一定的简化,边角的处理圆润,没有尖锐的边角,不容易磕碰,更注重使用者的舒适感。

▲ 图5-3-3 《维斯塔卡》
伊万·梅斯特罗维奇

▲ 图5-3-4 《菊纹茶杯》 作者不详

▲ 图5-3-5 《椅子》
查尔斯·雷尼·麦金托什

▲ 图5-3-6 民国时期家具 《八仙桌》 作者不详

四、近现代染织工艺作品

奥托·艾克曼是德国画家和图形艺术家,是青年风格"花卉"分支的重要成员。《五只天鹅》(图5-3-7)受日本浮世绘影响,作品线条流畅优美,热烈的暖色调画面、流线型的构图,充满自然优雅的气息。整个画面形象概括简约,突出曲线的灵动,充分展示了新艺术风格。

《梅兰竹菊　白鸟图》(图5-3-8)是中华民国时期具有浓郁中国特色的作品,以传统的梅、兰、竹、菊"四君子"形象为表现元素,穿插代表吉祥的白鸟,寓意高洁、富贵、祥瑞。画面处理受西方写实画派的影响,构图饱满、用色热烈、动感很强,从飞鸟形态和植物枝叶的动态可以感受到扑面而来的是温润和煦的风。整个屏风灵动典雅、美观实用,是非常精美的染织工艺品。

▲ 图5-3-7　《五只天鹅》
奥托·艾克曼

▲ 图5-3-8　民国时期　《梅兰竹菊　白鸟图》　作者不详

五、近现代玻璃工艺作品

艾米里·加利是法国新艺术运动的艺术家之一,他出生于一个手工制作家庭,主要作品为玻璃制品。《萤火虫》(图5-3-9)将现代化的生产工艺与传统工艺相结合,注重工艺与材料的表现,外形优美流畅,瓶盖的处理像一朵云从瓶口升腾而起,瓶身萤火虫的刻画栩栩如生,给人的感觉是美丽的萤火虫也要随着这股水汽从瓶里飞升出来,超强的造型能力和精美的现代工艺完美融合。

▲ 图5-3-9　《萤火虫》　艾米里·加利

▲ 图5-3-10　《鼻烟壶》　周乐元

周乐元是清末民初时期内画鼻烟壶的一代宗师。周乐元原是一位宫灯、纱灯画师,在文学、绘画方面也有较高的造诣。《鼻烟壶》(图5-3-10)这件作品是最能代表周乐元创作水平的内画鼻烟壶,仿清代著名画家新罗山人的作品。设色以墨色为骨,以淡彩作点缀,景物格调高雅;画面古朴精致,淡雅隽逸;画中有题跋，内容与画面协调一致。字画相得益彰，周乐元凭借其扎实的绘画功底，将绘于宣纸上的中国传统绘画逼真地浓缩在寸天厘地的鼻烟壶内。把玩之时赏心悦目，实用与审美完美结合。

六、近现代漆器工艺作品

漆器工艺源自中国，主要流传于中国和日本。大漆，作为中华文明的瑰宝，任凭时光如梭，它就在那里，不惊、不动，已经有近万年历史。近现代工艺鲜有发展，随着人们审美意识和现代生活习惯的改变，器形日趋简化，抽象图案渐趋增多，实用功能更加显著。

《大漆花瓶》(图5-3-11)采用脱胎工艺，具有中国传统绘画和雕刻工艺的双重属性，巧妙地配置黑、红两种颜色，再加以黄、绿、蓝等色彩，鲜艳美观、光彩夺目，造型典雅别致，质地轻巧。既有浓厚的地方特色，也具有耐腐、不褪色、不掉漆等优点。

《梳妆盒》(图5-3-12)充分展示了近现代漆器表现内容丰富，表现手法新颖、工艺精致细腻的特点，结合近现代的简洁、流畅、明快元素，整体造型流畅唯美，优美的图案在器物表面构成一个绚丽的彩色世界，更符合现代人的审美情趣。

▲ 图5-3-11 《大漆花瓶》 作者不详

▲ 图5-3-12 《梳妆盒》 作者不详

第四节　近现代建筑与园林艺术

近现代工业化生产的发展和城市化的进程，促进了建筑科学的快速发展，新的建筑材料、结构技术、设备施工技术等不断涌现，为近现代建筑及园林的发展开辟了广阔空间。在人们的社会文化生活中，各类中外公共纪念建筑、庭院居住环境、园林景观等建筑样式已突破传统建筑审美与实用的局限，其形式与设计更加鲜明地呈现出简约、自由的创新特征。

一、近现代纪念性建筑

（一）中国纪念建筑

南京中山陵(图5-4-1)建于1926年，由留学归国的建筑师吕彦直主持，将中西建筑完美结合，创造出中国特色元素鲜明的纪念性建筑。

陵墓建筑以中国传统元素为主导，按南北向中轴线对称布置在紫金山南麓的山坡上。从空中往下看，中山陵像一座平卧的"自由钟"，取"木铎警世"之意。山下孝经鼎是钟的尖顶，半月形广场是钟顶圆弧，而陵墓顶端墓室的穹隆顶，就像一颗溜圆的钟摆锤。观者可以由此体会孙中山"唤起民众，以建民国"

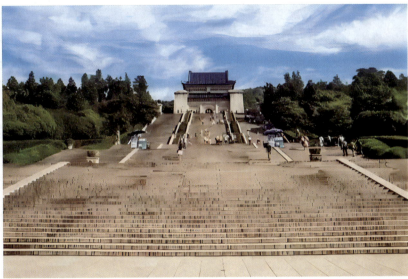

▲ 图 5-4-1 南京中山陵

之意。南面入口处的石牌坊和缓长的墓道类似传统帝陵的神道,大台阶是中山陵最具气魄的建筑,共有石阶392级,代表着当时中国的三亿九千两百万名同胞;8个平台,象征着三民主义和五权宪法。

陵墓青色的琉璃瓦、花岗石墙面显得庄重肃穆。拾级而上,可以看到中山陵祭堂逐渐显露的挺拔身姿;登上中山陵,可以俯瞰美丽的南京城和波光粼粼的玄武湖。环境与建筑完美融合,移步易景,体现了中国传统园林与现代设计理念的融合。

(二) 外国近现代纪念建筑

包豪斯学校(图5-4-2),是德国魏玛市的"公立包豪斯学校"的简称,大部分人习惯沿称"包豪斯"。包豪斯是世界上第一所完全为发展现代设计教育而建立的学院,成为现代主义风格的代名词。

包豪斯校舍建筑结构采用钢筋混凝土框架与砖墙承重结构结合的方式。平坦的大面积屋顶,简洁的墙面造型,透明有序的玻璃幕钢窗,硬朗的线条与体面交错,几乎没有任何装饰,建筑形式富有变化,碧草蓝天下灰色与白色墙面对比鲜明,橘色的跳跃感增加了活力,光影与建筑结构辉映,都突出了现代主义简单明朗的风格。实用功能与结构效能有机结合,充分展示了建筑、材料的美与实用功能的完美整合,是非常具有代表性的现代建筑。

▲ 图 5-4-2 德国包豪斯学校

二、近现代庭院建筑

（一）中国近现代庭院建筑

圆庐，位于重庆市渝中区嘉陵新村，为一楼一底二层建筑。圆庐整个建筑为砖木结构，地上两层，造型独特优美，旁为坡屋顶，因体型为圆形，故名圆庐，总建筑面积419平方米。

圆庐始建于1930年左右，由民国著名设计师杨廷宝设计监制。杨廷宝从清华大学毕业后，留学美国宾夕法尼亚大学建筑系，和当时许多优秀设计师一样，学贯中西，既遵循传统，又别具匠心，在中国传统的典雅美学之中融入欧洲建筑的清新格调。圆庐位于嘉陵江岸，造型简洁流畅，传统的条石、青砖、旧瓦将新式的城堡式的外形演绎得极具美感。楼上开窗，内设舞池，自然光线穿透顶层小楼直射底楼，形成特殊的光影效果。圆形舞池周围分割为扇形小屋，用于更衣，将功能性与审美性完美结合，体现了这个时代的设计主流，中国现代建筑风格已经是水到渠成。平面设计自由，公共部分有流动空间的意趣，建筑立面简洁明快，为解放后现代建筑风格奠定了基础。

▲ 图5-4-3　圆庐

（二）外国近现代庭院建筑

奥地利斯坦纳住宅（图5-4-4、图5-4-5）位于维也纳，始建于1910年，是具有极简风格的庭院建筑。未经丝毫装饰的平坦墙面和布置灵巧的玻璃窗，质朴质感与单纯外在形式组合，形成建筑极致简洁

▲ 图5-4-4　奥地利斯坦纳住宅

▲ 图 5-4-5　斯坦纳住宅外立面

的外观效果。斯坦纳住宅过厅采用自由楼梯设计，在平面上呈总体对称模式，楼梯偏心又打破了对称格局。Z 字形楼梯从一层南侧过厅进入，到二层后就到达房子中央位置。巧妙利用楼梯起点与终点投影位置错位，让人感受到迷宫一样的趣味感。斯坦纳住宅南立面中沿街面与沿庭院部位的外立面完全对称，沿街处有设计着老虎窗的坡屋顶。在面向庭院的一侧，屋顶的女儿墙和栏杆向中间后退，形成了异常简洁的檐口。两侧的立面完全是"自由立面"。窗户大小与位置不受任何限制，充分体现了极简的设计理念和风格。

三、近现代园林艺术

近现代的园林艺术受现代主义和后现代主义思想影响，越来越强调功能性和实用性，注重空间的利用和景观的塑造，强调自然和生态的保护，注重人类与自然和谐共存的生态平衡和可持续发展。近现代较有代表性的园林有世界最大的城市广场北京天安门广场（图 5-4-6）、世界第一个城市公园博肯海德公园（图 5-4-7）、以自然原生著称的南非克鲁格国家公园（图 5-4-8）。

▲ 图 5-4-6　酒泉公园

1940年鸦片战争以后，中国沦为半殖民地半封建社会，园林建设出现了具有殖民色彩的租界公园和政府或乡绅集资自建的公园。酒泉公园始建于1877年，是中国近代第一个自建公园，由时任陕甘总督的左宗棠利用军闲，发动军队将士在甘肃酒泉建成。

酒泉公园在根本性质上区别于古典园林，特点是公有、公享、公治。形式和内容上呈现出了巨大的本质的转折。公园内设置了演讲台、集会游行场地、普及科学知识的实验小园地、展览室以及各种公众体育运动场所，把优美的自然环境与具有文化、科学交流和丰富人文环境相结合的场所。体现了民主思想。公园的艺术风格既不是完全复古，也不是一味崇洋，而是把新时代的观念和生活及文化需求结合自己的民族文化传统，进行了融合和创新，具有承上启下的作用，展示了一种新园林的艺术萌芽。

博肯海德公园位于英国利物浦，是世界园林史上第一个城市公园。始建于1843年，设计负责人是帕克斯顿。博肯海德公园的人车分流是帕克斯顿最重要的设计理念之一，面积506平方千米。蜿蜒的马车道构成了公园内部主环路，沿线景观开合有致，丰富多彩。步行系统则时而曲径通幽，时而开阔空旷，在茂密的草地、栉比鳞次的山坡、葱郁的林间或波光粼粼的湖边穿梭。四面住宅面向公园，但是住宅出入口由外部的城市道路提供。博肯海德公园水面按地形条件分为"上湖"和"下湖"。开挖水面的土方在周围堆成山坡地形，水面模仿自然环境，利用传统园林理念，自然曲折，窄如溪涧，宽如平湖。美丽的湖心岛隐秘安静，幽深宜人。

公园绿化以疏林草地为主，中央为大面积的开敞草地，广受欢迎。可在公园玩的游戏项目非常多，开场疏林草地给英国人酷爱的板球、橄榄球、曲棍球、射箭和草地保龄球比赛，以及各种节日举办的集会提供了场所。既可观赏美景，又能亲近自然，还可以参与娱乐活动。为生活节奏日趋紧张、身处闹市的居民和游客提供了必需的休闲场所和宁静的精神家园。博肯海德公园开了近代园林景观设计之先河，标志着普通人观赏生活景观时代的到来。现代景观设计作品成为普通公众身心愉悦的共享空间。

▲ 图5-4-7 英国博肯海德公园

南非克鲁格国家公园非洲园林是以自然元素为主导的园林形式，强调自然美和原生野趣。植物、水、动物等自然元素被广泛应用于园林设计中，营造自然生态下的野生动物王国。南非克鲁格国家公园占地

19 485 平方千米,是南非第一个国家公园。背靠雄伟的山峰,面临一望无际的大草原,园内还零散分布着该地区特有的森林和灌木。旷野上分布着众多的大象、狮子、犀牛、羚羊、长颈鹿、鸟类等珍禽异兽,有非洲独特高大的面包树等植物。人们在公园里既能欣赏到美妙的自然风光,又可以领略当地丰富的地质、生物、植物景观与文化魅力。园林以其独特的方式体现了原始文化与现代文明的融合,设计师对大自然的敬畏谦卑态度、倾听式设计手法具有独特的艺术魅力。非洲园林尊重自然,有卓越的环保意识,体现了对本民族文化传统的尊重和传承,是生态文明的独特体现,也是未来园林设计需关注的重要元素。

示范视频 5-2
南非克鲁格
国家公园

▲ 图 5-4-8 南非克鲁格国家公园

单元小结

　　本单元主要学习近现代美术鉴赏知识,通过对近现代绘画、雕塑、工艺美术及建筑园林的赏析,了解中外近现代造型艺术的时代特点,深刻体会创作者的艺术表现语言和创作意图,感悟不同造型艺术类型的艺术表现语言、形式和现实意义,进一步掌握正确进行美术欣赏的一般途径和基本方法。

　　视觉造型艺术欣赏,不能仅停留在作品外在形状结构、材料色彩等视觉形象上,更应通过艺术作品外在的形象呈现,洞察作品所传递的作者个人创作思想、艺术表现语言、情感再现、艺术技艺、表现风格等深刻内涵与内在因素,让欣赏者对造型艺术形式有一定的判断能力,能与作品创作者产生跨越时空的共鸣。作为一名师范生,在欣赏美术作品时,要加强艺术修养、触类旁通的能力,以理解和尊重的态度对待每一件作品,深入了解作品产生的时代背景,能通过艺术欣赏,分析作品表现主题内容、形式语言与表现技艺,品味作品意境、艺术风格,更深层次感悟作者表现意图、创作思想,深刻体会作品内涵、情感表现与艺术影响。在赏析过程中深刻感悟、完整体会每一件作品蕴含的精神内涵和创作方法,才可以与创作者产生共情,真正理解作品创作意图,正确看待创作者的艺术风格及表现力对当代乃至后世产生的影响。能够联系自身专业进行应用联想和操作反思,提升师范生审美素养和艺术感悟能力,通过对近现代经典造型艺术作品的赏析,讲好中国故事、了解多元文化;并能够将学习的知识应用于幼儿园美育实践,进而增强中华文化自信,引导培植幼儿早期审美意识、开展适宜的审美体验与操作游戏活动。

思考与练习

1. 回顾所学内容,黄宾虹的山水画与莫奈的风景画有何差异?试从描绘主体、造型手段等方面进行说明。

2. 利用节假日,拍摄或简易手绘自己家乡或学校所在地代表性建筑(公共建筑、地标建筑、传统民居、西式建筑等),简单说明其建筑类型、名称功能、材料工艺、艺术特点。

3. 结合前四单元幼儿园美术活动案例,选择大班幼儿生活中常见、熟悉的中外工艺美术作品形式,设计一个适宜的美术欣赏或主题游戏活动,并尝试和同学一起分享你的活动方案。

主要参考文献

1. 张克顺. 幼儿简笔画[M]. 北京:北京师范大学出版社,2014.
2. 刘相俊. 绘画[M]. 北京:中央广播电视大学出版社,2016.
3. 陈福静,刘敏. 幼儿简笔画教学法及美感培养[M]. 北京:中国轻工业出版社,2016.
4. 张慧临. 二十世纪中国动画艺术史[M]. 西安:陕西人民出版社,2002.
5. 张宇. 中外动画史[M]. 沈阳:辽宁美术出版社,2016.
6. 武千嶂. 中国画符号教学:花鸟篇[M]. 上海:复旦大学出版社,2014.
7. 中央美术学院中国画系. 中国画[M]. 北京:高等教育出版社,1991.
8. [美]安德烈娅·劳伦. 版画基础[M]. 闫肖君,译. 北京:北京科学技术出版社,2021.
9. 王华祥. 版画技法(上) 传统版画、木版画技法[M]. 北京:北京大学出版社,2020.
10. 常勇,等. 版画基础教学[M]. 辽宁:辽宁美术出版社,2008.
11. 陈教斌. 中外园林史[M]. 北京:中国农业大学出版社,2018.
12. 罗小未. 外国近现代建筑史[M]. 2版. 北京:中国建筑工业出版社,2004.
13. 朱建宁,赵晶. 西方园林史[M]. 北京:中国林业出版社,2019.
14. 《外国美术史及作品鉴赏》教材编写组. 外国美术史及作品鉴赏[M]. 2版. 北京:高等教育出版社,2007.
15. 犀然. 中国雕塑[M]. 北京:高等教育出版社,2009.
16. 朱旗,戴云亮. 中外美术赏析[M]. 苏州:苏州大学出版社,2009.

图书在版编目(CIP)数据

美术:造型拓展与应用/沈建洲总主编;朱晓飞,张克顺主编.—上海:复旦大学出版社,2024.4
普通高等学校学前教育专业系列教材
ISBN 978-7-309-16517-3

Ⅰ.①美… Ⅱ.①沈… ②朱… ③张… Ⅲ.①美术-高等学校-教材 Ⅳ.①J

中国版本图书馆 CIP 数据核字(2022)第193797号

美术——造型拓展与应用
沈建洲　总主编　　朱晓飞　张克顺　主编
责任编辑/谢少卿

复旦大学出版社有限公司出版发行
上海市国权路579号　邮编:200433
网址:fupnet@fudanpress.com　http://www.fudanpress.com
门市零售:86-21-65102580　　　团体订购:86-21-65104505
出版部电话:86-21-65642845
上海丽佳制版印刷有限公司

开本890毫米×1240毫米　1/16　印张8.25　字数256千字
2024年4月第1版第1次印刷

ISBN 978-7-309-16517-3/J·476
定价:45.00元

如有印装质量问题,请向复旦大学出版社有限公司出版部调换。
版权所有　　侵权必究